# 梦想成真

## 实干家锦囊12计

欣湾 著

电子工业出版社
Publishing House of Electronics Industry
北京·BEIJING

未经许可，不得以任何方式复制或抄袭本书之部分或全部内容。
版权所有，侵权必究。

**图书在版编目（CIP）数据**

梦想成真：实干家锦囊 12 计 / 欣湾著. -- 北京：电子工业出版社，2025. 3. -- ISBN 978-7-121-49720-9

Ⅰ．F241.4

中国国家版本馆 CIP 数据核字第 20258SB883 号

责任编辑：滕亚帆
文字编辑：刘　舫
印　　刷：河北迅捷佳彩印刷有限公司
装　　订：河北迅捷佳彩印刷有限公司
出版发行：电子工业出版社
　　　　　北京市海淀区万寿路 173 信箱　　邮编：100036
开　　本：880×1230　1/32　印张：7.375　字数：212.4 千字
版　　次：2025 年 3 月第 1 版
印　　次：2025 年 3 月第 1 次印刷
定　　价：78.00 元

凡所购买电子工业出版社图书有缺损问题，请向购买书店调换。若书店售缺，请与本社发行部联系，联系及邮购电话：（010）88254888，88258888。

质量投诉请发邮件至 zlts@phei.com.cn，盗版侵权举报请发邮件至 dbqq@phei.com.cn。

本书咨询联系方式：faq@phei.com.cn。

# 推荐序一

## 时间为证，梦想开花

我在全球教授时间管理课程十余年，见证过无数学员通过学习时间管理，重塑生活、逐梦成功，掌握核心方法的学员都能坚持下来，并收获显著成果。陈欣湾便是这其中的一位非常优秀的学员，她经常与我互动，还非常热情地进行分享，已有长达 7 年多的时间。这一路走来，她用实际行动诠释了时间管理的力量，也让我对"坚持与践行"有了更深的感悟。

7 年前，陈欣湾踏入了我的时间管理课堂。那时的她，或许和大多数人一样，在忙碌的生活中感到迷茫，找不到方向。但从第一堂课开始，我便从她眼中看到了坚定与执着。她不仅认真学习每一个理论知识点，还将这些知识融入生活，日复一日地践行着时间管理的理念。

如今，站在梦想实现的彼岸回望，陈欣湾的每一步都走得坚实而有力。她凭借在时间管理课程中学到的知识与技巧，以及自身坚持不懈的努力，成功实现了曾经遥不可及的梦想。这份成就，不仅属于她个人，更是时间管理理念的一次生动实践、一次有力证明。

在我看来，陈欣湾的经历，是一个极具价值的范例。

这本书，便是陈欣湾 7 年多时间管理实践的总结与分享。书中既有她在时间管理过程中的深刻感悟，也有她在实际操作中积累的宝贵经验，更有许多实用的方法与技巧，相信无论你是时间管理的初学者，还是已经在这条道路上探索许久的同行者，都能从这本书中获得启发与帮助。

我衷心地希望，每一位翻开这本书的读者，都能像陈欣湾一样，勇敢地迈出时间管理的第一步，并在这条充满挑战与机遇的道路上，坚持不懈地走下去。我相信，只要我们善用时间，时间必将回馈我们最美好的人生。

**叶武滨 易效能创始人、时间管理专家**

# 推荐序二

## 从逐梦者到引路人：
## 欣湾的蜕变与启示

在 2021 年那个充满希望的开端，欣湾怀揣着一颗炽热而坚定的心，勇敢地踏上了演讲学习的征途。自那时起，我便有幸成为这段非凡旅程的见证者，目睹了一位追梦者如何一步步砥砺前行，直到绽放万道光芒。

那时的欣湾，如同初出茅庐的探险家，面对未知的演讲世界，心中既有期待也有忐忑。

自卑与胆怯，像是不离不弃的伙伴，时常伴她左右。

2024 年，那份对梦想的执着与渴望，如同熊熊燃烧的火焰，照亮了欣湾前行的道路，驱散了她内心的阴霾。无数个日夜，欣湾对着镜子，一遍遍地调整姿态。当她站在舞台中央时，她光芒万丈，自信满满，用生动的话语、有力的观点感染着每一位听众。

在这段漫长的旅途中，欣湾不仅积累了丰富的知识与经验，更拥有了无畏前行的勇气。

于是，她毅然决然地创立了筑梦商学院，从一名普通的学员，华丽变身为倍受尊敬的培训师。

在讲台上，她侃侃而谈，用真挚的情感、独到的见解，触动着每一位听众的心弦。

前段时间，当我再次与欣湾相遇时，得知她正在筹备一部书稿，我的内心不禁涌起难以言喻的期待。

没想到，仅仅数月之后，这部凝聚着她的智慧与汗水的图书便悄然问世。字里行间，不仅记录了她一路走来的成功与挫折，更蕴含着无数可借鉴、可操作的实战技巧与人生智慧。

欣湾的故事，是对梦想力量的最好诠释。她告诉我们，梦想如同一股不可阻挡的洪流，能够激发我们内心深处的潜能，助我们跨越重重难关，抵达成功的彼岸。欣湾用自己的亲身经历，为我们点亮了一盏明灯，照亮了前行的道路。

如果你也怀揣着梦想，渴望突破自身局限，书写属于自己的传奇篇章，那么欣湾无疑是一位值得追随的引路人。从她身上，你可以学到那份对梦想的执着与坚持，那份面对困难时的勇敢与无畏，汲取她的智慧与经验，让梦想照进现实，向着光明未来大步迈进！

龙兄　坚持星球创始人

# 推荐序三

写这篇推荐序，恰逢 2025 年年初，刚过完元旦，即将迎来蛇年新春。也许不少人正在回顾过去的一年，同时制订新年计划。每个人都有梦想，或大或小，蕴含着我们对美好生活的向往，也是激励我们前行的内在动力。有的人一步一个脚印，坚定地走向梦想；有的人或者停滞不前，或者迷失方向，花费许多时间，却一无所成。

原因在哪里？又该怎么办？欣湾所写的这本《梦想成真 实干家锦囊 12 计》能够给你一些答案。

欣湾是一个"梦想实干家"，她梦想成为一名生命导师，并且一直为此努力前行，在实践中构建了一套全面且极具实操性的方法论体系，并付梓成书。

在书中，欣湾开篇聚焦于梦想的可视化，通过建立梦想库、给五年后的自己写信、绘制生命平衡轮及制作梦想板等步骤，引导读者把抽象的梦想转化为具体的目标图像，使其清晰地呈现在眼前。然后，她带领读者重建信念和找到内在动力，她以自己作为案例，分享极为实用的工具。

行动是梦想实现的关键。书中从如何制订行动计划，到实干家可使用的多个锦囊、五步快速成长法和人生成功系统的十二步骤，为读者提供了实现梦想的清晰路线图。

欣湾所关注的不仅仅是追求梦想，还有如何长周期地平衡生活，合理作息、健康饮食、适度运动、调节情绪等，都一一写在书中。

这本书可以作为一个实现梦想的行动指南，适合每一个在追求梦想道路上摸索前行的人，无论你是初出茅庐的年轻人，还是在人生中途寻求突破的奋斗者。

很荣幸能够为欣湾的第一本书写推荐序。作为欣湾的语写老师，我全程陪伴了这本书的诞生，所以深知这本书可以让拥有梦想并寻找自我的人受益匪浅。

最后，以欣湾在这本书中写的一句话与大家共勉：

做最好的梦想，订最踏实的计划，迈出最坚实的步伐。

预祝各位读者以实干实现梦想，活出自己的人生。

剑飞　语写创始人

## 推荐序四

在人生的长河中，我们总会遇到一些人，他们以非凡的毅力和不懈的努力，书写着属于自己的传奇。陈欣湾，就是这样一位令人钦佩的女性，她的新书《梦想成真 实干家锦囊12计》即将面世，这不仅是对她个人奋斗历程的阶段总结，更是对广大追梦者的鼓舞与启示。

2017年年底初次与欣湾相识的那一刻，她就给我留下了深刻的印象。她不仅是一位精干的企业管理者，更是一位热心公益、充满爱心的社会活动家。我时常戏称她为"铁人三项"的佼佼者，因为她不仅将自己的公司管理得井井有条，还从未间断过自己的第二职业，更在繁忙之余，坚持健身运动，保持身心的健康与活力。

欣湾的学习精神同样令人赞叹。她不断汲取新知，勇于挑战自我，从而内外兼修，在学识上取得了长足的进步。如今，她已经成为一名赋能导师，用自己的经验和智慧，为无数追梦者指引方向，成为他人前行的灯塔。

"又是能量满满的一天"，这是欣湾每天对朋友们说的第一句话，也是她内心世界的真实写照。她以积极的态度面对生活中的每一个挑战，用无限的热情点燃自己的梦想之火。这种精神，不仅让她在事业上取得了可圈可点的成就，更成为周围年轻人心中的榜样。

欣湾邀请我为她的新书作序，我深感荣幸。她的努力与坚持，感动了我。我相信，这本书将成为广大追梦者的宝贵财富，为大家提供实用的方法和技巧，指引大家走向成功的彼岸。

　　在此，我衷心祝愿欣湾的新书《梦想成真 实干家锦囊12计》能够大获成功，让更多的人从中受益。同时，也希望欣湾能够继续以自己的实际行动，为这个世界带来更多的正能量和美好。让我们共同期待，欣湾在未来的日子里，能够书写出更加辉煌的篇章！

## 推荐序五

认识湾湾有一段日子了,虽然交往不频密,但我总觉得她是具备非常大的气场的。她的好学、坚持和乐于分享,总能带给周边的朋友强大的正能量、深度的思考和进步。

喜闻湾湾正在写一本大作——《梦想成真 实干家锦囊12计》,实在非常向往与期待。相信大家跟我一样,希望能早日拜读,从中学习一些能梦想成真的实战经验和技巧,在往后的日子里可以掌握更有效和高效的方法和技巧,完成我们更多的梦想,带给自己、身边的亲人和朋友更多的幸福和快乐!

尽管梦想是丰满的,现实是骨感的,但人必须有梦想,这样才有追求进步的动力!想想万一梦想成真,会带来多少快乐和满足啊!而在实现梦想的过程中,路途不会一马平川!在克复重重困难的过程中,会有可以为他人借鉴的智慧、勇气、毅力和决心。这些都值得广泛流传和互相学习,所以我在这里想呼吁大家在阅读本书之余,把自己的读后感、一些实战经历和锦囊与湾湾分享。期待在图书再版时能拜读到大家智慧的结晶!

尽信书不如无书!哈哈,大家千万不要误会我说湾湾写的书不可信!我只是提个醒,大家在学习实现梦想的锦囊时,必须挑选一些与自己具备的客观条件和基因相对吻合的，加以学习和优化，不然，便可能是东施效颦、邯郸学步了！另外，我们自身也存在一定的智慧，外来的知识和学习只是提供一个比较规范化的工具，方便和加速我们的学习！

最后，向湾湾学习与致敬！更祝福湾湾的图书广泛流传，为朋友们所欢迎！

老兵吴守农

# 推荐序六

梦想，对大多数人而言，总是那么遥不可及，但欣湾靠着坚定的信念，强大的意志力，让我看到，只要知行合一，梦想其实离我们并不遥远。

最初，欣湾在和我们说起她的梦想时，大多数人都认为不太可能实现。但她连续 2500 多天早起打卡，跑步，每周参加一次 BNI，坚持做直播近 700 场，连续做大拜 300 多天，支付大量学费挤出时间不停地去学习……

她的这份坚持和毅力，让我想起冯道在《天道》一诗中的一句话：但知行好事，莫要问前程。为了梦想，明知很难，却一直能风雨兼程，不离不弃。如今的欣湾，蜕变成长的速度、质量、气场，让我们不只是感叹，更多了几分敬佩。

伟大而正确的梦想都是利他的，欣湾的梦想是做一名生命导师及能量教练，而她更高维的梦想是希望点燃一亿人的生命，激活一亿人的梦想。这种利他的主旋律，一直驱动着她一路拼搏，一路高歌。

有一次和欣湾交流时，我说你是一个快乐的追梦人，我们都应该向你学习。尤其是当我看到，你把自己追逐梦想的故事和心法，用《梦想成真 实干家锦囊 12 计》一书和大家分享时，感动了我，感动了你的许多朋友和学员，让更多素不相识的人在你的书香里徜徉，他们不仅能看到你对梦想充满激情的挚爱，更能看到自己也能实现梦想的希望，也许这就是你点燃一亿人的生命，激活一亿人的伟大梦想的又一个起点。

祝愿欣湾的处女作《梦想成真 实干家锦囊12计》首发即成为广大读者珍藏的图书之一，更期待她的第二本书、第三本书……的出版，赋能更多一直追梦的普通人。

# 推荐语

  2024年，对我来说是飞跃的一年，也是能量特别饱满的一年。这一年，我一直和我的欣湾老师在一起，她让我每天都能看到自己所做的事情是不是与梦想相关。我的成长路径持续在轨道上，这很大程度让我能专注地去做我该做的事情，从而陆续拿到了一些与梦想相关的结果。欣湾老师激活了我的梦想，让我每天自动自发地早起、学习、运动等，每天都动力满满地奔向目标和梦想。欣湾老师让我明白人生不只有工作和金钱，还有八大平衡轮需要我去极致地体验，极致地践行，看到自己每天在进步，我对未来充满期待。当我听到欣湾老师要把这些秘籍以图书的方式普及给众多人时，真是由衷感慨，此书必将给那些处于迷茫中的人带来希望！

筑梦光行者 钟会清

人到中年，我满心迷茫，直到遇见欣湾老师，走进筑梦营，才迎来人生转机。

这门课程超绝，帮我从寻梦、追梦，到一步步圆梦。它不仅有实用的做法，更传授给我关键的心法，像"生命平衡轮"，帮我突破自我，每天能量爆棚，全力践行。

现在，我像换了一个人，重燃人生的希望。如果你也想突破困境，强烈推荐加入欣湾老师的筑梦营课程，还有配套图书，帮你深度掌握秘诀，改变人生！

筑梦光行者 黄川利

在人生迷茫之际，我走进欣湾老师的训练营，自此命运发生转折。曾经觉得是天方夜谭的事，竟一件件变成现实。就说家装，我从啥都不懂的小白，摇身一变，现在能给朋友的店面、住房做专业咨询。

这一切都多亏欣湾老师，是她为我照亮前路，让我内心坚定且充满有力量。真心推荐大家加入欣湾老师的训练营，搭配老师的图书，可收获满满的干货，开启逆袭之路！

筑梦光行者 邓可

推荐语

在人生的迷宫里，我兜兜转转，被迷茫裹挟，满心焦虑，找不到出口。直到欣湾老师携"梦想成真"课程出现，宛如一道光，瞬间穿透我内心的黑暗。它驱散了我心底盘桓许久的恐惧，让我在混沌中迅速锁定人生方向。

此后，我的生活发生了翻天覆地的变化。在工作上，一路"开挂"，项目推进顺利，业绩一路飘红，收获了无数认可；在家庭中，成员之间的关系愈发和谐，温馨时刻接连不断；人际圈子也不断拓展，结识了许多志同道合的伙伴。

这一切的改变，都要归功于欣湾老师。真心感恩她的倾囊相授，让我有机会重塑人生！如果你也正在人生路上迷茫，强烈推荐你试试"梦想成真"课程，给自己一次改写命运的机会。

**筑梦光行者 刘卓文**

能遇到欣湾导师，我笃定是上辈子修来的福分。没遇到她之前，我的生活浑浑噩噩，毫无方向。直到走进她的筑梦营课程，我就像在黑暗里寻到了光，终于坚定了自己的人生梦想，重燃斗志，开启了逐梦新征程。

每天为梦想拼搏的日子，充实又美好，这都多亏了欣湾导师。她那句"不与别人比优秀，只和自己比成长"就像一束光，每当我心里冒出焦虑、自我怀疑这些负面念头时，瞬间就能驱散内心的阴霾，让我接纳自己、勇往直前。

真心建议大家来感受一下欣湾导师的筑梦营课程，在这里可以帮你挖掘潜力、追逐梦想。还有她的图书，凝结了课程的精华，是迷茫时的指引，是奋进时的动力。别再犹豫，赶紧加入，和我一起跟着欣湾导师，解锁人生的无限可能！

筑梦光行者 李伟红

在人生的至暗时刻，我有幸结识欣湾老师，报名了她筑梦商学院的课程，就此唤醒了心底沉睡的梦想。人要改变，永远都不晚！

这门课程讲解的全是干货，独家心法更是让我受益良多。欣湾老师心怀大爱，每日活力满满，以身作则，在她营造的高能量场里，我收获了超多实用方法，内心变强，轻松冲破追梦路上的阻碍。借助梦想平衡轮，我在健康、事业、人际关系等方面都有了质的飞跃。

很多人空有想法，却难出成果。而欣湾老师的课程，就像导航仪，精准指引方向。搭配她的凝结课程精华所著的图书，更是如虎添翼。真心推荐大家都来学习一下，这不仅是梦想的起点，更是通往人生圆满的捷径！

筑梦光行者 俞霖

# 前 言

相信每个人都有自己的梦想，其中有一些可能已经实现了，有一些还没有实现。无论是否实现，梦想都是我们内心潜藏的激情。倾听梦想的声音，我们可以找到前行的目标和方向；追寻梦想，我们可以与更好的自己相遇。

我的梦想是成为一名生命导师。回想昨天，儿时梦想考上一个好大学，但是最后没能实现。后来我又有了许多其他梦想：创业、成为生命导师、环游全球、阅读100本人物传记、成立梦想部落、成为投资人、拥有自己的庄园、成立梦想基金会……在我所有的梦想背后，都有着同样的追求：探索、创造价值、让身心更丰盈、让生命自然绽放、支持他人活出自己的精彩。

那么你的梦想是什么呢？怎样才能找到梦想？又怎样实现梦想呢？我写下这本《梦想成真 实干家锦囊12计》，希望能帮你将梦想变成每一天的行动。

这是一本关于梦想的实践手册，以一整套方法论，帮助你找到自己的梦想，制订实现梦想的行动计划，掌握实现梦想的行动策略和成功者的行动密码。

开启梦想家之旅，是一段自我探索和实现的旅程。将梦想可视化，找到梦想，看见梦想，梦想仿若触手可及。

接下来要做的是重建信念,坚定实现梦想的决心,为梦想增加动力、减少阻力。制订行动计划是实现梦想的关键一步。一个明确的行动计划能够让你保持专注并充满动力,还能够让你在实现梦想的过程中保持灵活性和适应性。

打开实干家锦囊,你会收获一系列的行动策略,包括高效行动、精力管理、无痛早起、改变拖延、突破恐惧和时间管理等。这些策略都能帮助你在实现梦想的过程中更加高效和有序。高效行动策略,告诉你如何集中精力,提高工作效率;精力管理策略,告诉你如何合理分配自己的精力,保持最佳状态;无痛早起策略,带你养成早起的习惯,利用清晨时光提升自我;改变拖延策略,帮你学会如何克服拖延,提高行动力;突破恐惧策略,帮你面对内心的恐惧,勇敢迈出实现梦想的每一步;时间管理策略,教你如何合理规划时间,让时间增值。

最后,获取成功者密码,分享快速成长的方法和人生成功系统的12个步骤。这些方法和步骤是基于成功者的经验和智慧总结出来的,让你在实现梦想的道路上少走弯路,更快地成长和成功。

筑梦行动,需要知行合一。书中的方法,一路陪伴我追求自己的梦想,在一次次的学习、行动、复盘、迭代之后,我取得了还不错的成果:

作为创业者,我创办了一家公司,团队成员有20多人,实现了公司自动化运营;

作为妈妈,我有两个孩子,他们都在成长的关键期,我是他们成长路上最亲密的陪伴者;

作为生命导师,我开设了自己的课程,激发学员追求自己的梦想;

作为自律星人,我每天 5 点起床、23 点入睡,已坚持 2500 多天;

作为终身学习者,我持续学习 14 年,投资自己的大脑,学习企业管理、教练技术、性格色彩、演讲、易效能时间管理、语写、身心灵、金刚智慧、佛学……不断提升自我价值。

现在我将自己在追梦之旅中实践过的方法,汇集在这本书里,呈现给你。本书特别感谢"易效能"品牌创始人叶武滨老师。一本书最大的价值,在于你能运用书中的知识在生活中创造出成果。希望这本书成为你实现梦想的伙伴,为你的追梦之旅提供助力。

带着你的梦想,带着你的好奇、勇气,开始你的追梦之旅吧!

扫码关注公众号
"企业家能量教练陈欣湾"

# 目 录

## 第一部分 开启梦想家之旅·26

### 第一章 梦想可视·27

梦想的力量·29
梦想可视化第一步：建立梦想库·32
梦想可视化第二步：给五年后的自己写一封信·35
梦想可视化第三步：绘制生命平衡轮·42
梦想可视化第四步：制作梦想板·45

### 第二章 信念重建·50

找到限制性信念·52
建立自我肯定宣言·57

### 第三章 动力驱动·60

如何增加动力·62
如何减少阻力·67

### 第四章 行动计划·75

为什么无法行动·77
如何拆解出行动计划·82

## 第二部分 打开实干家锦囊·86

### 第五章 高效行动·87

时间管理的终极目标：创造价值·89
高效行动必备能力：4D 原则·95
训练专注的工具：番茄工作法·100

### 第六章 精力管理·106

精力消耗·108
精力提升·110

### 第七章 无痛早起·125

早起，成功人士的选择·128
早起的方法·132
早起行动清单·134

### 第八章 改变拖延·139

战胜拖延，夺回主动权·141
拖延的底层原因·142
改变拖延 20 招·145

### 第九章 突破恐惧·158

六种恐惧·160
用行动突破恐惧·169

### 第十章 空性时间管理·174

终极时间管理：管理好自己的生命·176
时间窃贼·183
时间增值法则·185

## 第三部分 获取成功者密码·191

### 第十一章 五步快速成长·192

　　学习金字塔·194
　　快速成长五步法·195
　　借力成长圈·204
　　远离消耗源·206
　　经历超常体验·208
　　锻炼心力·209
　　在实践中成长·211

### 第十二章 人生成功系统·214

　　步骤一：渴望·217
　　步骤二：目的·218
　　步骤三：信念·220
　　步骤四：限时·221
　　步骤五：信心·222
　　步骤六：障碍·223
　　步骤七：预演·224
　　步骤八：准备·225
　　步骤九：链接·226
　　步骤十：行动·227
　　步骤十一：复盘·232
　　步骤十二：聚焦·232

## 后　记·234

## 参考文献·236

# 第一部分

# 开启梦想家之旅

# 第一章
## 梦想可视

说到梦想，你会想到什么？是遥不可及，是痴人说梦，还是想着心中的北极星，义无反顾地去追寻呢？

日常的生活是琐碎的、具体的，常常让人感觉到迷茫和焦虑，不知道前方的路在哪里，不知道自己为什么而活，不知道自己该追求些什么……没有梦想，生命容易在生活中迷失，在日常中变得暗淡。有了梦想，生命就会被照亮，释放出热情和激情，展现令人炫目的光彩。

梦想不是用来仰望的，而是用来实现的。只要你把梦想紧紧抓在手中，它就是充满希望的种子，在你手中生根发芽，终有一天会长成参天大树。如果你只是抬头仰望，却从不向前迈进一步，它就是镜中花水中月，难以触及。

## 梦想的力量

梦想或者目标对人生的影响是怎样的呢？哈佛大学曾就此问题做过一项历时25年的调查，调查对象是一群智力、学历、环境等条件都相差无几的年轻人。研究者在他们即将离开校园的时候，对他们做了一次关于人生目标的调查，调查结果是：

- 有长远目标的人，占3%；
- 有清晰短期目标的人，占10%；
- 有目标但模糊不清的人，占60%；
- 没有目标的人，占27%。

在经历长达25年的跟踪调查后，结果显示：

- 3%从一开始就对人生有明确规划的人，大多成为各领域的精英，其中不乏白手起家的创业者、行业领袖；
- 10%有清晰的短期目标的人，大多成为各个领域的专业人士，拥有相对不错的社会资源，如律师、医生、职业经理人等；
- 60%有目标但模糊不清的人，大多最终归于平凡，安稳地工作和生活，没有什么特别的成就；
- 剩下27%没有目标的人，常常失业，生活状态大都很差，他们习惯于抱怨周围的人和物，把自己的失败归咎于外界。

这项调查说明了两件事，一是目标清晰的人是少数，没有目标和目标模糊的人是绝大多数；二是目标对人生发展有着非常重要的作用，甚至从某种程度上来说有着决定性的作用。

人生目标，也就是梦想的力量，是强大的，它能达到怎样的境界，取决于你想达到怎样的境界。无论我们要抵达哪里，重要的是，要清楚地知道自己想要什么。如果连想要的是什么都不知道，那么所有的行动都是无效的。唯有清晰的梦想，才能向潜意识传递明确的信息，让潜意识把注意力都投入其上，行动也会自动跟上，外在的辅助也会被吸引过来。

所以我们要认真思考，并尽量从自己的优势和兴趣出发，为自己设定一个值得毕生努力的梦想。这个梦想是人生的导航仪，为我们指引前行的方向，即使陷入迷茫，只要想一想它，就能重新大踏步出发。梦想是人生的设计图，就像建房子要先画设计图，我们是自己人生的设计师、导演和主角，拥有梦想这份设计图，我们可以得到自己喜爱的理想生活。梦想是生活的永动机，一想到它，便仿佛充满无穷的动力，每天早上都能满怀期待地开始全新的一天。当你带着梦想出发时，身边的人、事、物、环境都是实现梦想的养料。

我的梦想是成为一位生命导师，并且一直在为此努力。与此同时，我还有多重身份：作为管理者，我经营着一家芯片公司，有20多位团队成员，公司已经实现了自动化运营；作为母亲，我家中有两个孩子，都在成长的关键时期；作为终身成长者，我持续学习 14 年，企业管理、教练技术、性格色彩、形象搭配、佛学、演讲、时间管理、身心灵、金刚智慧……从各个方面投资自己的大脑，提升个人价值。更重要的是，从 2020 年开始，我所定下的目标开始一一实现。

有人问我：你一开始就确定自己的梦想吗？其实没有。我的梦想是在学习成长过程中逐渐变得清晰的。

经营公司的时候，我面对着两个选择：亲自做业绩，还是培养团队创造业绩？自己做，效率更高，业绩更好，但考虑到公司未来的发展，我知道不能只是自己做。所以我定下公司自动化运营的目标，用三年时间打造团队，实现自动化运营，创造更好的业绩。如果无法实现，那我就自己来做。

定下这个目标，我心中就已经确定自己一定能成功，因为三年的时间足够让我成长为一名优秀的管理者，也足够团队成员成长。于是我开始学习管理，全力投入团队发展，完善组织架构，和团队成员一起成长。三年时间，团队慢慢做大，实现了最初的自动化运营的目标。现在无论我在或者不在，团队都能稳定发展。

在我看来，梦想可以远大到需要付出一辈子的努力去达成，也可以是用 10～20 年去实现的长期目标，或者用 1～5 年去达成阶段性成就，甚至只要去做就能马上做成的小事情，只要你想要，就可以是梦想。但梦想一定要清晰，或者说应该是一个非常明确的目标，比如今天要完成的工作有哪些，达成怎样的进度，这个月要学习哪些知识，运用在哪些方面，都要有具体的数字，让自己每时每刻都有清晰的目标感，知道自己为什么而做，要做出怎样的结果。

这也是我们为什么要让梦想可视的原因。当梦想可视，展现在我们眼前，每天一睁眼就能看见它时，内在的潜意识就会被调动，内心的笃定也会多一分。而梦想也会变成灯塔，给我们的行为指定明确的方向。

我的梦想可视化分为四步：

第一步，建立梦想库；
第二步，给五年后的自己写一封信；
第三步，绘制生命平衡轮；
第四步，制作梦想板。

我会把梦想板制作成手机屏保，随时都能看见。每一次看到自己的梦想板，我都会像打了鸡血，浑身充满能量。

## 梦想可视化第一步：建立梦想库

梦想可视化的第一步，是建立属于你独一无二的梦想库。梦想库，顾名思义，就是为自己打造一个梦想仓库，把自己的梦想都收集起来。无论什么时候，想做什么，都可以写下来，想到什么写下什么，随时随地记录下自己的梦想。

我给自己设立了一个专门的梦想库，想到要做什么，便会打开梦想库，把它写下来。我还会经常打开它，看看自己的梦想。有的梦想是长期的，需要花很长的时间才能完成；有的梦想在较短时间内即可实现，每天日拱一卒，日日精进。

学习
☐ 财商教育
☐ 流利的英语
☐ 金刚智慧
☐ 高幕学习佛法
☐ 100本人物自传
☐ 投资理财
☐ 瑜伽专业课
☐ 转化教练
☐ 每年50本书

旅游
☐ 马尔代夫
☐ 意大利
☐ 美国纽约
☐ 法国巴黎
☐ 巴厘岛
☐ 南极
☐ 肯尼亚
☐ 西安
☐ 九寨沟
☐ 天津
☐ 新疆
☐ 印度
☐ 新西兰

体验
☐ 跳伞
☐ 潜水
☐ 蹦极
☐ 攀登珠穆朗玛峰
☐ 学习一门乐器

突破
☐ 出书
☐ 生命导师
☐ 线下课
☐ 线上课
☐ 带领学员去游学

关系
☐ 周日家庭日，带孩子出去学习
☐ 寒暑假带孩子出国学习
☐ 言传身教
☐ 每周打电话给父母
☐ 向上链接
☐ 与自己的关系

事业
☐ 成为投资人
☐ 梦想部落
☐ 打造一个学习平台

健康
☐ 瑜伽
☐ 大拜
☐ 半马
☐ 拉丁舞
☐ 道家功
☐ 全马
☐ 每天冥想
☐ 早五晚11睡觉
☐ 素食
☐ 每天写六小时书

公益
☐ 梦想基金

我的梦想库

把梦想都收集到梦想库之后，可以按照不同的维度对其进行分类，如家庭、事业、财富、学习、效能、旅行、社交、健康等。

建立梦想库的原则有两个，一是敢想，二是怦然心动。

梦想，就是做梦时想到的，必须敢想。不敢想，怎么能做到呢？很多人是不敢想的，但凡想到要做一件事，第一个念头就是做不到，这不行那不行，这个条件不成熟，那个条件没有准备好。刚刚冒出的念头，就被自己亲手掐掉了，更不用说去实现它。

想，是在潜意识里种下一颗种子。每一棵参天大树都是从小小的种子生根发芽，经历日晒雨淋，逐渐成长起来的。要敢想，把你的梦想库堆满种子，并将种子一颗颗地种到你的生活中，用心浇灌和培育，终有一天你会收获郁郁葱葱的梦想森林。

心有所愿，行而成立。想做什么，就去做。行动来自内心的意愿，意愿越强烈，行动力越强，越容易达成梦想。我的梦想和目标一个个实现，很重要的就是敢想。

读中专时，我希望自己的文字可以刊登在文学社社刊上，于是去投稿，我的文章真的变成了铅字；加入文学社，我想如果可以当文学社社长就好了，于是积极参加社团活动，贡献自己的价值，在后来的竞选中我脱颖而出成为社长。参加工作之后，我有了新的梦想，经营公司，成为生命导师，这些也都实现了。

曾经我也不敢想，没有太多想做的事情，后来开始学习，不断地出门，见人见世界，认知和眼界逐渐变得宽阔，想要的东西变得越来越多，我的渴望被点燃，感受到越来越多的动力和能量，想要去做一些事情，去实现自己的梦想。

如果你也和曾经的我一样，不知道自己想要什么，那就走出去，去看世界，去认识人，也可以去阅读，你一定会找到自己真正喜欢的生活、渴望追求的梦想。这时候，别忘了把它们都写在你的梦想库里。

构建梦想库，写下每一个梦想时，必须怀揣一份"怦然心动"的感觉。每当你想到它，就能感受到一股强烈的动力和满心的期待。梦想赋予我们的，是无穷的动力、充沛的能量和满怀的期待。这一点至关重要。若这种感觉尚未涌现，那便需要重新描绘梦想，直至你体验到一种酣畅淋漓的快感，仿佛梦想已经触手可及。

想象一下，你的梦想库是你的专属私人宝藏箱，里面装满了让你心动的梦想。每一次打开它，你都能感受到一股兴奋和期待。这些梦想不仅会激发你的热情，还会给予你前进的力量。这样的梦想库，将成为你追求美好未来的不竭动力。

## 梦想可视化第二步：给五年后的自己写一封信

梦想可视化的第二步，是给五年后的自己写一封信。写这封信的要点在于畅想内心真正想要的生活，描写出具体的未来场景画面。我和很多学员一起写过这封信，我发现第一次写的人很难发挥自己的想象力，局限于当下，写出来的梦想也并非真正想要的。

如果你想写这样一封信，又觉得下笔艰涩，那么和我一起打开想象力的翅膀来一场穿梭时空之旅吧。

---

想象一下，此刻在你的面前有一台时光穿梭机，它可以带你穿越时空，但是你有两次机会，一次是回到过去任意时空，一次是去到未来五年后。

现在你坐上了时空穿梭机，先回到过去，你有一次改变命运的机会，你会选择修改哪一段命运呢？原因是什么呢？

接着，时光穿梭机带着你去到未来五年后，这时候你在哪里？身边有哪些人？你正在做着什么事情？你的家是什么样子？家人的状态如何？你的工作事业是怎样的？社会发生了怎样的变化？你一天的生活是怎样的？你在哪里吃饭？你在哪里工作？你在哪里和朋友们见面？……打开你的想象力，尽情地描绘未来的生活，把美好的场景和感受印刻在脑海中。

现在回到当下，把你的这一趟穿梭时空的旅程记录下来，可以写下来，也可以录音，或者拍视频。

---

对于我而言，在过去的人生中，我最想回到的是初三那年，因为这是决定我命运的一年。但当时我并没有意识到这一点，尽管身在重点班，成绩排名班级前十，却没有好好珍惜学习机会，初三那一年成绩倒退，结果没能考上好的高中，离开了学校。如果人生可以重来，我希望回到初三，努力学习，考上重点中学，继续考上理想的大学，圆我的大学梦。

而五年后的人生，我成了一名生命导师，实现了财富自由和时间自由，做着自己喜欢的事情，住在喜欢的房子里面。我能够清晰地描绘出五年后身处的地方，身边的人，正在做的事情。根据想象中的画面，我写下了一封信，写下想象中那些五年后令自己怦然心动的画面和感受，把它寄给五年后的自己。

### 五年后，我过上了有钱·有闲·有爱的生活

**有钱**

我住在一个美丽的庄园里，庄园里有跑道，鸟语花香，绿树成荫。我每天早起跑步，感受大自然的美好。

庄园里有一栋我非常喜欢的房子，里面有瑜伽室、冥想室，还有我的直播间。有孩子的玩乐室，里面的所有物品都是我所喜欢的、心动的。庄园里

还有一个非常大的梦想启迪空间，许多追梦人来到这里寻找梦想，启航梦想，实现梦想，点燃生命，绽放生命。

### 有闲

我的时间和财富都已经自由，带领伙伴们进行环球旅行。有专门的摄影师随行拍摄，用照片和视频记录旅途中的美好景象。照片和视频会被发布到我的公众号和视频号，让我觉得自己活出了生命的价值。边玩边直播，边分享智慧，轻松创造财富。

孩子们的假期，我也有足够的时间陪伴他们，带他们去看世界。

### 有爱

我成立了一个公益组织，名为梦想基金会，为有梦想的人助力。

### 健康

家人和我都身体健康、活力满满。我每天大拜、做瑜伽、冥想、跑步、饮食清淡、早睡早起，保持苗条的身材。

### 事业

我有100个合伙人，我们有着共同的梦想——为中国科技发展助力，所有人都物质丰盛，精神愉悦，持续成长。

我成为一名生命导师，点燃他人的人生，激活他人的梦想。我已经一对一服务了1000人，成立梦想部落，汇集遍布全球的追梦人，实现梦想的人又成为梦想教练，激励更多人追寻梦想。我们都住在庄园里，早上一起跑步、冥想，白天为慕名而来的人激活梦想。我们创建了一个"梦想"商业帝国，以自身的天赋优势，在各个领域发光发热。

### 朋友

我有一群深度链接的朋友，我们都是各行各业的精英，正念正行，全心利他，见证彼此的成长，为彼此赋能。

### 爱好

我系统地学习了瑜伽、拉丁舞。我成功跑完全程马拉松。

我每天直播分享自己的实践，每天更新我的视频号和抖音号，拥有了一群铁杆粉丝。

我每天写作，出版了一本书，用行动引领更多的朋友活出自己的梦想人生。

### 学习

我认真学习我感兴趣的各个领域的知识，建立了自己的知识体系。我能说一口流利的英语，在环球旅行中被频频点赞。我学会了理财，在金刚智慧里已深耕5年。我学习经典智慧，把经典智慧的书都看完了。

### 旅游

我去南极看冰川，去北欧看极光，去肯尼亚、意大利、纽约、剑桥大学、哈佛大学。国内也去了很多地方，九寨沟、新疆、内蒙古、长白山、西双版纳……领略了祖国的大好河山。

### 家庭

我有一个有爱的家庭，女儿学习非常自律，儿子在读自己喜欢的专业。我要做的是用心陪伴，并滋养他们。

---

这就是我写给五年后的自己的信。写这封信的时候，在我的脑海里浮现出一幅幅画面，每一个字都仿佛从心中流淌出来，呈现在我的眼前。每次看到这封信，我都会特别开心，看着"五年后的自己"，瞬间充满动力，想要去做些什么，向着梦想中的情景靠近一点儿。

写这封信的时候，最重要的就是让人心动的、充满能量的感觉。有了美好到令人心动的未来，你才会有动力去实现它。而且五年后的梦想应该基于未来的能力去构想，不仅仅限于当下的能力。如果用现在的能力来想象五年后的梦想场景，那么梦想是渺小的，因为这是你现在就力所能及的。梦想应该是关于未来的、富有挑战的，它会激励我们提升自己的能力，接受挑战，实现梦想，成就自我。

为什么要写信给五年后的自己呢？

**第一，以终为始，你才知道今天要做什么。**现在是由所有的过去组成的。比如我自己，初三时没有好好读书，没能考上重点中学，也没能上大学。在时间轴上从过去到现在，是一种因果关系，现在由过去决定，未来由现在决定。

所以，五年后你想成为什么样的人？回答这个问题，明确自己的梦想，现在决定未来。用这样的方式，可以让我们提前预见未来。我们只能活在当下，但如果完全不去思考未来，很容易陷入日常的琐碎，没有方向，没有目标。

如果现在就能知道自己五年后要成为什么样子，内在的渴望会驱动着我们向未来靠近。你确定未来是怎样的，就知道现在需要做些什么。这就是以终为始。

**第二，有五年时间，不会急于求成。**为什么是五年呢？五年是一个足够长的时间段，能让我们跳出现在所有的束缚，畅想内心真正想要的生活方式，也能让我们沉下心来做事，不会急于求成。

我们总是高估自己一年能完成的事情，却低估五年能完成的事情。我要成为生命导师，我要把英语学好，我要出一本书……如果这些梦想要在一年内完成，我瞬间感觉"压力山大"。这种压力会让人急于求成，希望能找到捷径，快速达成目标，而不管过程和质量。那么这些梦想能不能在五年后实现呢？我会非常大声地说：能！五年，有足够多的时间让我学习和实践，而且有足够长的时间可以产生复利，在积累之后快速成长。

**第三，聚焦结果，减少干扰。**当你知道自己五年后要成为什么样子时，就能把所有精力都聚焦在实现未来的愿景上。聚焦，才能产出结果。如果一个人不知道自己五年后会怎样，没有目标，没有方向，注意力是涣散的，做一下这件事，做一下那件事，结果一事无成。

成为自己人生的舵手，现在就设定目标。五年后，当你回望过去，就会看到，正是这些目标，引领着你走向那个梦寐以求的未来。

## 梦想可视化第三步：绘制生命平衡轮

接下来，我们要用到一个工具——生命平衡轮，它能帮助我们关注生活中的多个领域，评估和平衡生活的不同方面。生命平衡轮通常关注八个领域,包括学习成长、家庭生活、人际社群、财务理财、健康身体、工作事业、休闲放松、积德行善。这八大领域几乎涵盖了生命中所有的重要板块,可以说是生命的底层框架。

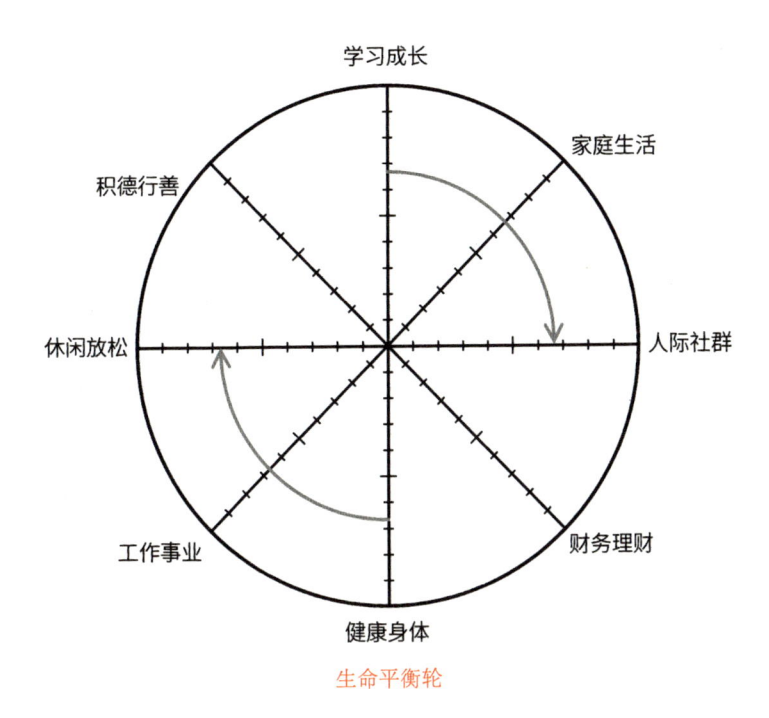

生命平衡轮

我们常常听到一个问题:如何平衡家庭和事业?这个问题每个人都有自己的答案。

- 有人事业上非常成功,但遗憾于没有抽出时间陪伴家人,或者为了工作牺牲了健康。
- 有人需要照顾家庭,放弃了事业上的追求,慢慢受困于生活琐事。
- 有人物质生活很丰裕,但是精神生活却很贫乏,没有梦想,没有追求,做什么都没有动力。
- 有人人际关系处理得非常好,人脉很广,但家庭关系却不和谐。
- 有人一心追求财富,却从不升级自己,不去提升自己的认知、开阔自己的视野。
- 有的人埋头工作,却完全不顾身体,从来不休息,也没有休闲娱乐。

……

这些都是生命失衡的现象。当各个领域不平衡的时候,生命平衡轮是无法转动起来的。你需要补足那些不平衡的部分,让生命平衡轮转动起来。这时候,生命才是如你所期待的。

如何使用生命平衡轮呢?找一张白纸,按照上页的图画出生命平衡轮。结合"给五年后的自己的信",给生命平衡轮中的各个领域打分,分值从 0 到 10,然后用剪刀把你的打分区域剪下来,看看平衡轮是否能转动起来。如果你的平衡轮能够顺利地转动起来,那么恭喜你,说明五年后的你生活在平衡的生命里,生活的幸福感一定很高。如果你的平衡轮无法转动,也没有关系,因为你提前看见了自己需要平衡的领域在哪里,还有五年的时间,你可以平衡自己的生活,然后朝着这个方向去努力。

生命平衡轮也可以用在现在，也就是评估现在的生活是否平衡。你可以将现在的生命平衡轮和五年后的生命平衡轮进行对比，看自己需要平衡哪些领域。每过一段时间都可以画一次生命平衡轮，复盘一下，看看自己在哪些领域有所改进，在哪些领域还需要继续努力。生命平衡轮的意义在于，观察在自己的生活中，是否忽略了某些领域，这些领域是否需要投入更多的注意力和资源。

如果生命是一朵正在绽放的花，那么它的美丽来自每一片花瓣的和谐与平衡。我们是这朵生命之花的培育者，生命平衡轮则让我们得以细致地观察这些花瓣的生长状态，倾听它们的声音，感受它们的需求和渴望。当所有花瓣都得到充分的滋养和关爱时，生命之花才能绽放出最绚丽的光彩。希望你能让自己的生命平衡轮平稳地转动起来，开出美丽的生命之花。

## 梦想可视化第四步：制作梦想板

梦想可视化的第四步是制作梦想板。

实现梦想的路径，始于心之所向。首先放飞你的想象力，勾勒出梦想的轮廓，让梦想在你的心中生根发芽。接着，把梦想可视化，用图像呈现出来，通过绘画、照片或是其他方式，让自己看见梦想实现的样子。被看见的梦想，会在心中种下信念。你会相信梦想不是遥不可及的幻想，而是真正可以达成的存在。最后，把梦想转化为实际行动。梦想，不是空想，而要用行动来实现。制订清晰的计划，设定可达成的目标，然后一步步坚定地执行，你的梦想会照进现实。

所以，无论你想创造什么，都必须先在脑海中将它创造出来，再在现实中创造出来。可视化，用图像呈现，就是从想象到现实的桥梁，它可以帮助我们释放内在的潜能，找到实现目标的方法和途径。这就是我们制作梦想板的原因。那么梦想板具体怎么做呢？如果你会画画，可以自己手绘，如果你和我一样是"手残党"，可以借用一个工具——滴答目标九宫格。手绘或使用工具，具体的步骤都是一样的。

**步骤一：梦想落地**。我们已经建立了梦想库，给五年后的自己写了一封信，并用生命平衡轮对八大领域进行了优化迭代，那么接下来就要让梦想落地。在滴答目标九宫格中（见下页图），把八大领域分别放入八个格子中，其中健康身体、财务理财、人际社群是根基，工作事业和家庭生活一体两面，两手都要抓，学习成长、积德行善、休闲放松则是内心的三种享受。"核心词"就是内心最重要的关键词。

| 宗旨 | 愿景<br>(5年) | | | |
|---|---|---|---|---|
| 目标<br>(1~2年) | 学习<br>成长 | 积德<br>行善 | 休闲<br>放松 | 项目<br>(1~6月) |
| | 家庭<br>生活 | 核心词 | 工作<br>事业 | |
| | 人际<br>社群 | 财务<br>理财 | 健康<br>身体 | |

人生八大关注[1]

使用这个九宫格，填入梦想和目标，可以设定不同的时间，需要5年时间实现的是愿景，1~2年实现的是目标，1~6个月完成的是项目。我们首先要填写的是5年愿景。在九宫格上面写上5年后的时间，比如现在是2025年，那就写上2030年。然后提炼"写给五年后的自己的信"中的关键词，填入九宫格中。

**步骤二：拆解出当下要实现的目标。**根据五年后要达成的梦想，设定今年要达成的目标。比如，我想在五年内出书，今年的目标就设定为完成初稿。五年后要达成的梦想，很多都不能在一年内完成，所以必须进行拆解，安排到合适的时间完成。

---

[1] 此部分内容参考自"易效能"品牌创始人叶武滨老师的教学体系。

**步骤三：检查目标。** 运用 SMART 原则，检查目标是否具有具体性（Specific）、可衡量性（Measurable）、可实现性（Attainable）、相关性（Relevant）和有时限性（Time-bound）。

这里有两个注意事项，一是不要写太多，每个领域写下三个目标即可，时间和精力是有限的，我们要用来做最重要的事情；二是写上截止时间，没有截止时间的目标，是永远都完不成的。

**步骤四：添加怦然心动的图片。** 寻找和梦想相关的图片，添加到目标清单中。

美好的画面能够激发行动的欲望。如果你想去旅行，就找旅行目的地的美图；如果你想跑马拉松，就找马拉松奖牌或运动员冲线的照片……每一张图片一定是让你怦然心动的，你希望实现图片中的样子。

**步骤五：贴出来，每天看一看。** 在滴答目标九宫格中为目标添加好图片之后，可以直接截屏，做成手机屏保。每天一打开手机，看到目标和梦想，瞬间感觉能量满满。也可以把图片打印出来，放在随时可见的地方，比如电脑上、车上等。

如果你是通过手绘或者拍照的形式来呈现的，同样可以将其打印出来，带在身边，随时看一看。每天和自己的目标见个面，确保自己每天的行动聚焦在目标上，随时思考自己可以为推进目标做些什么，你会发现目标正朝你走来。

我绘制完2022年的梦想板后，把它贴在了书房门上，每天都能看见它。那时候种下的梦想种子，如今正逐渐生根发芽。现在我每天都会进行冥想，在脑海中把梦想具象化，想象它们成为现实的画面。

梦想板，可以以多种多样的方式实现，除了文字、画面，还可以制作成视频，以更加生动的方式加深记忆，核心点在于把梦想从抽象的思绪中具象为画面。在我的公司有一面梦想墙，每位员工每年都会制作自己的梦想板，工作间歇一抬头就能看见自己的梦想。你还可以制作家庭梦想板，与家人一起动手绘制，把每个家庭成员的梦想都可视化，贴在墙上，激发每个人内在的动力，一家人一起为梦想不懈努力。

**本章行动：**
- 建立你的梦想库。
- 给五年后的自己写一封信。
- 绘制你的生命平衡轮。
- 制作你的梦想板。

# 第二章
# 信念重建

说到信念，我想先分享两个寓意深刻的故事。

第一个故事：滴血而死的囚犯。

有两个囚犯被判处死刑，执行方式是让他们滴血至死。第一个囚犯在血慢慢滴尽的过程中死去。第二个囚犯目睹了这一过程，轮到他时，其实并没有真正地放他的血，只是有人模仿滴水声，让他误以为自己在滴血。然而，由于他深信自己正在滴血，最终也死去了。

第二个故事：杯弓蛇影。

在古代，一个人被邀请到朋友家中做客。在宴会上，他端起酒杯准备饮酒时，发现杯中有一条蛇的影子，于是认为自己真的吞下了蛇。回家后，他就生病了。邀请他做客的朋友知道了他的病情，去探望他，问他为何生病？他说自己在杯中看到蛇影，一定是吞下了蛇，现在蛇正在身体里咬自己。朋友说，家中没有蛇。随即想起家里墙上挂着弓箭，弓箭的影子非常像蛇，于是和他说是弓箭的影子映到了杯子中。得知真相后，这个人的恐惧和忧虑消失了，疾病也很快不药而愈。

这两个故事告诉我们，信念的力量是巨大的。信念，是内心深处坚定不移的信仰，你相信什么，就会创造什么。它决定了一个人如何看待世界，如何应对挑战，以及最终能否实现梦想。当你把梦想和目标写下来时，首先要相信自己能够实现它们，运用信念的力量，推动自己向梦想迈进。

发挥信念的力量，要做到两点，一是找出阻碍自己的限制性信念，二是建立自我肯定宣言。

## 找到限制性信念

在追求梦想达成目标的道路上，会遇到各种各样内在的和外在的障碍，无形中束缚了我们的手脚，阻碍了我们的成长。在这些障碍中，最难以克服的往往是自己的限制性信念。

限制性信念，是指那些阻碍前进、影响决策和行为的负面想法和信念。它们可能源自一个人过去的经历、原生家庭、所处的环境等。这些信念深埋在潜意识中，就像大树的根系，虽然很难被看见，却支撑着露出地面的树木，影响着一个人的情绪、行为和结果。

### 识别你的限制性信念

每个人心中都有一些固有的信念和想法，它们可能在某个时期对我们有所帮助，但随着时间的推移、环境的变化，这些信念变得不再适用，甚至成为我们成长路上的障碍。我立志成为生命导师，在确定这个梦想的那一刻，脑海中的第一个念头就是："我的学历不高，语言表达能力不强，怎么可能成为生命导师呢？"这就是我的限制性信念。我还有很多类似的限制性信念：学历不高、家境不好、长得不好看、普通话不好、女性应该相夫教子……这些自我设限的念头，往往是梦想和目标的第一位"客人"。每当设定目标，写下梦想板时，脑海中首先响起的是质疑自己的声音，这些声音最终成为实现梦想的最大障碍。

你在梦想板上写下梦想的时候，脑海中出现了怎样的声音？这些声音是积极的、兴奋的比较多，还是消极的、充满质疑的比较多呢？有时候我们很难觉察自己的信念，它们经常和我们捉迷藏，藏在潜意识里，并会在某些时候自动出现，不留意的话很难识别。

识别限制性信念的第一步是自我觉察。你可以问自己："我是否真的相信自己能够实现梦想？"如果答案是肯定的，那么行为将与信念一致；如果不是，就需要进一步探索是什么阻碍了你。你需要仔细倾听内心的声音，特别是那些自我批评的话语，还可以听取他人的反馈。旁观者清，有时候他人能观察到自己未察觉的模式和信念。当现实和预设不一样时，停下来思考背后的原因是什么，当初的预设是否基于事实，当下的现状是如何发生的。偶尔也要回顾过去，看看那些曾经的经历所形成的固定信念，对现在的影响是怎样的。

探索内心深处的信念的方法，还有通过写日记、和家人朋友交谈、寻求专业咨询师的帮助等。在这个过程中，你也许会发现一些意想不到的限制性信念，它们可能来自童年经历、父母期望，或是社会刻板印象，平时看不见，却会在关键时候影响自己的行动和决策。

### 击破限制性信念

一旦识别出这些限制性信念，我们就可以采取行动击破它们。我经常使用的方法是反向质疑。限制性信念让我们质疑自己，那么我们也可以质疑限制性信念。

就以我的限制性信念为例，学历不高真的会成为成功的障碍吗？顺丰创始人王卫、香港首富李嘉诚、国美创始人黄光裕及万达创始人王健林，他们的学历也并不高，但依然取得了巨大的成功。所以，学历并不是成功的必备条件。同样，普通话不标准，真的不能成为生命导师吗？并没有明确的规定说生命导师的普通话一定要达到怎样的标准，口音也并不妨碍讲课内容的表达，有时候反而会成为一种特色。

所以每当发现自己的限制性信念时，就去寻找成功案例，打破限制性信念。这时候，你会发现限制性信念不堪一击。"既然有人能做到，我为什么不可以呢？"有了这个想法，你的限制性信念自然就被击破了。而成功案例也会成为你学习的榜样，告诉你如何克服障碍。

以前，我会找出种种理由质疑自己是否能成为生命导师。现在，我认为自己是最好的生命导师。尽管我的学历不高，普通话也不标准，但我依然能够成为生命导师，我依然能够成功，因为我无所畏惧、无所不能。这是一种信念，当我建立这种信念时，就能成为我想成为的人。学习演讲时，有一句话给了我很大的鼓舞："只要我不要脸，世界才会给我脸。"面子和成长哪个更重要？当然是成长，所以我放下面子，打破限制，努力成长。

为什么很多人不能实现梦想，达成目标，原因就一个字：怕！什么都怕，怕丢人，怕闲言碎语，怕被拒绝，怕做不到，怕被笑话，怕失去，怕冒险，怕未知……怕，让人失去尝试的勇气，失去体验自己想要的生活的可能性。被困在害怕里的人，往往无法看到自己真正的潜力和可能性。他们的视野被恐惧所遮蔽，行动被担忧所束缚，生活因此变得狭窄和单调。

怕，是一种正常情绪，但我们必须看到怕背后的事实，思考如果它真的发生会怎样。有时候你会发现，害怕的事情即使真的发生了，也并不像想象中那般，自己有能力处理它。

我刚开始管理企业的时候，也是千头万绪，不知道从何开始。我给自己三年时间，学习企业管理，如果三年后公司还不能自动化运营，大不了自己撸起袖子再次上阵。现在公司进入自动化运营状态，我能够经常外出学习。有人曾问过我：你这样不管公司，不怕员工自立门户，把客户带走吗？我觉得完全不用担心，首先我对员工足够好，其次就算他们真的发展自己的事业，客户选择和他们走，我也有能力再次创业。

我曾经设想过，如果我一无所有，能不能东山再起？我很有信心地回答"能"，既然这样，那有什么好怕的呢？我只需要做自己的事情，不断自我突破，让自己变得值钱，就算公司没有了，我也可以活得很好。放下所有的害怕，才能去做自己想做的事。持续成长，是突破限制性信念最好的方法。

遇到害怕的事情，设想一下最坏的结果，接着思考这个结果是否能接受,是否有能力应对。如果答案都是肯定的,你的限制性信念就会自动消失。

## 相信相信的力量

还有一种方式是给自己植入一个信念:我无所畏惧。当你拥有这个信念时,即使遇到令你害怕的事情,你也能保持冷静和坚定,你会拥有强大的内在力量,帮助自己在逆境中找到出路,在挑战面前展现坚韧。每一次选择勇敢面对,都会在无形中增强你的意志力和解决问题的能力。最终,你会发现,那些曾让你害怕的事情,不过是通往成功路上的垫脚石。

尼克·胡哲天生没有手脚,却依然打字、踢球、游泳、演讲、出书……还获得了两个大学学位,到全世界演讲。陈州在 11 岁时失去双腿,但他去登山、开车、健身、游泳、潜水、跳伞……不健全的身体,并没有禁锢他们,反而促使他们做到了许多常人做不到的事情。所以,不要被自己限制了,人的潜能是无限的,甚至可以把限制性条件转化为前进的动力、成长的催化剂,只要走出去,世界远比想象中宽广,潜力远比想象中巨大。

相信相信的力量。相信是行动的第一步,如果不相信,一定不会行动。我们说看一个人相信什么,不要听他怎么说,而要看他怎么做。一个人去上课,他在课堂上听得很认真,但回去之后,没有任何行动,说明他并不相信课堂上所学到的知识和技能,不相信老师所说的是真的,不相信自己能做到。如果他全然相信,一定会采取行动。

我们不会和不相信的人一起做事。不相信的事情，我们不会去做。即使去做，也心不甘情不愿，无法取得成果。因为信念是行动的源泉，没有信念的支撑，行动会缺乏动力和方向。只有真正相信一个人或一件事，才会全力以赴地行动，才能发挥出自己的最大潜能。

## 建立自我肯定宣言

找出限制性信念后，需要打破它，突破自我，这就要用到自我肯定宣言。第一次接触这个工具，是在《早起的奇迹》一书中。作者说我们可以运用语言对潜意识进行编程，进而影响自己的思维、信仰和行为方式。他在书中分享了自己的自我肯定宣言，以及使用方法。后来我又在多个地方接触到这一概念和相似理念。学习和使用自我肯定宣言之后，我感受到了它的能量。

自我肯定宣言，是一种真实的、积极的行动声明，写下自己是谁，想拥有什么，选择过怎样的生活，然后每天重复这份宣言，把信念深深地植入潜意识，激发内在的创造力。具体的做法也非常简单，设计你的自我肯定宣言，每天早上大声朗读它。

如何设计一份充满力量的自我肯定宣言呢？我们在上一章已经完成了，你的梦想板就是自我肯定宣言的图片版本，现在只需将它转化为文字版本。以下是我 2024 年写下的自我肯定宣言。

---

### 欣湾的自我肯定宣言（2024 版）

我是欣湾，我是一个自信有力量的女人。

我是奇迹的创造者，我无所畏惧，我无所不能，我可以轻而易举地创造我想要的一切。

我立志成为一名生命导师，点燃一亿人的生命，激活一亿人的梦想，激发人的潜能，实现梦想，让每个人过上清晰且有目标的人生。

我致力于完成我的使命，每天都像奇迹专家那样生活，因为我知道，我和地球上的其他人一样值得、理应、有能力创造具体的、可衡量的奇迹，实现我想要的一切。

我此生活出自己，照亮他人。每天都感恩，每天都贡献自己，无我利他，一言一行都点燃他人的生命。

我要成为一名生命的引领者，我要活成孩子的榜样。

---

每天一早，我都会带着感情大声朗读一遍这份自我肯定宣言。在朗读的时候，想象自己已经实现了这些目标，

我因此而感觉浑身充满力量。渐渐地，积极的想法替代了我的限制性信念，并且在生活中逐渐变成行动。

自我肯定宣言的目的是改变内在的信念和思维模式，从而推动你去行动，直到实现理想的结果。为了让自我肯定宣言行之有效，朗读时要调动积极情绪，把你的渴望和决心倾注于一词一句上。如果只是有口无心地读一遍，那是在浪费时间，并不能真正地帮助到自己。

自我肯定宣言可以和你的梦想板一样，定期调整修改。如果你有了新的梦想和目标，就要把它们加入自我肯定宣言中。继续坚持朗读，把文字内容输入潜意识，直到它们转化为行动，真正成为现实。

你还可以把自我肯定宣言贴在视线所及的地方，比如贴一份在洗手间门后，每次上洗手间时，都默念一遍。我还将这个方法进行扩展，在家中贴满了梦想和金句，让自己和那些积极的、有能量的语言高频接触，让大脑快速吸收，将它们转化成持之以恒的行动。

**本章行动：**
- 写一封自我肯定宣言，贴在墙上，每天早上起床后大声诵读一遍。
- 找出限制你的信念，然后找到成功的案例，打破它。

# 第三章
# 动力驱动

在实现梦想的路上，动力和阻力，哪一个扮演着更为关键的角色？

动力，是推动我们向特定目标前进的力量。源自内心深处的渴望，是前行的燃料，是追求梦想不可或缺的力量。而外在动力，如金钱、荣誉、社会认可等，也能推动我们前行。

与动力相对的，是阻力，它可能是外界的不利因素，如社会偏见、经济压力，也可能是内在的障碍，如限制性信念、自我怀疑。阻力是路上的荆棘，考验着我们的意志，但它也能成为成长的催化剂，让人变得更加坚韧。无论你要实现的梦想是什么，动力和阻力都是并存的。只有识别和增强动力，发现并减少阻力，才能在实现梦想的路上走得更加从容且坚定。

设想一下，如果一辆性能卓越的跑车行驶在布满石头的糟糕路面上，它还能飞驰如风吗？显然不能。而一辆普通的三轮车，即使开在高速公路上，速度也不会很快。这告诉我们，动力不足或阻力过大，都可能阻碍目标的实现。

## 如何增加动力

动力,对于实现梦想、达成目标的重要性不言而喻。动力,是行动开始的起点,是面对挑战和困难时坚持下去的关键,还能激发我们的创造力和解决问题的能力。在很多公司,为了激励员工达成 KPI 会设置奖励机制,来增加员工的工作动力。但这样的奖励往往效果有限,原因在于公司很少识别并减少员工达成 KPI 的阻力。当阻力大过奖励带来的动力时,员工就不会为了达成 KPI 而努力。

我们也常常面临同样的场景,做成一件事可以获得一定的奖励,但做事过程中会感受到许多阻力,有的来自外界,有的是负面的信念,有形的和无形的阻力合在一起,超过了行动的动力,于是开始拖延,最终可能不了了之。

那么该怎么办呢?想要顺利地将一件事做下去,我们要增加动力,减小阻力。增加动力的方法之一是找到实现梦想和达成目标的充分理由,理由越多,动力越强。

### 为你的目标找理由

这就像不想做一件事的时候,我们会给自己找无数理由。比如冬天天气很冷,不想起床,能找出很多不起床的理由:周末睡个懒觉;今天没啥事,晚起一会儿也行;太冷了,等暖和一点儿再起来;专家建议冬天赖床 5 分钟……那么,我们也可以给自己要做的事情找理由,找到足够的理由，获得足够多的动力，推动自己开始行动。

我的梦想是成为生命导师，我给自己列出了20条理由，为自己的梦想增加充足的动力。

### 我为什么要成为生命导师？

1. 我想看到每个人的生活有梦想，每天激情满满。

2. 我身边的都是同频的人，会反过来滋养我自己，所到之处、所见之人都是活力满满的。

3. 为了我的梦想部落，我首先要帮助他人找到梦想，实现梦想，找到一群实现了很多梦想的人，把梦想部落建立起来，影响更多的人活出生命的本质。

4. 我非常喜欢学习，要成为生命导师，我必须学习更多的知识，这样才能支持到他人，让自己保持持续学习的动力。

5. 我要成为生命导师，必须说到做到，让自己拿到结果，实现自己的梦想，才能引领他人。

6. 我要成为孩子的榜样，用我的状态影响他们每天过得激情满满，让他们从小就知道为梦想而读书。

7. 我要成为同事的榜样，用行动带领他们实现自己的梦想。

8. 我要成为孩子家长的榜样，我把自己孩子引领好，可以带领整个班、整个学校的孩子都找到梦想，让他们从小就开始为梦想而学习。

9. 我要成为一名生命导师，因为我非常喜欢学习，而且我也喜欢实践，我想把我学习到的和实践的经验全部分享给需要的人，让他们少走弯路，让他们过上自己想要的生活。

10. 我要成为生命导师，必须高要求自己，倒逼自己变得更好。

11. 我要成为生命导师，我必须要有作品，倒逼自己一定要去写书。

12. 我要成为生命导师，为了影响更多的人，我必须好好提升演讲技能，让自己精准表达，让大家能听懂我想表达的内容。

13. 我要成为生命导师，为了给人留下好的印象，我必须要提升自己的形象，不能再随意穿着，因为形象价值百万。

14. 我要成为生命导师，必须身体健康，活得久一点儿，这样才能影响更多人，所以我要每天坚持做大拜和瑜伽。

15. 我要成为生命导师，我要光宗耀祖，我要成为家族的荣耀和骄傲。

16. 我要成为生命导师，到时候可以引领一群人，我们可以创造一个商业帝国，创造无限的财富。

17. 我要成为生命导师，这是我一生的使命，只有这样做，我才能发挥我的价值，我是有力量的。

18. 我要成为生命导师，当我做这件事情时，我全身充满能量，我会达到一种忘我的状态，我做这件事情是开心的、喜悦的，它带给我无限的能量。

19. 我要成为生命导师，成为一个自由职业者，然后我可以实现我自己的梦想，边全球旅游，边分享自己的生活，还可以出书，做一个财富自由者。

20. 我要成为生命导师，用自己的生命状态引领身边的朋友，每个人都活出一道光，活出一份榜样的力量，他们又可以影响身边的人，那么整个世界都是充满能量的人。

……

---

这些只是我成为生命导师的部分理由。听完这些，你有什么感受？你是否已经开始为自己的目标寻找足够多的

理由？当你决定做一件事时，必须明白为什么要做这件事，并为自己找到充分的理由，这样才能充满动力地去行动。如果你想赚钱，就去写赚钱的理由，如果你想创业，就去写创业的理由……写得足够多，多到你感觉自己充满力量，摩拳擦掌想马上开始行动。下一次当你感到动力不足的时候，可以继续采用这种方法。

在我的20条成为生命导师的理由中，有一条是"我要光宗耀祖，我要成为家族的荣耀和骄傲"，还有几条是为孩子、同事、世界而努力的。每次想到这几条，都会让我感觉动力更强，因为我不仅是在为自己实现梦想，也是在为更多人追寻梦想，还能影响到更多的人。当你做一件事不仅仅是为了自己时，你会感受到无穷的力量。如果你的焦点只在于自己，那么很容易失去动力；但如果你的目标是利他，动力就会更加强劲。当你为自己要做的事情列出许多条理由时，你会从中找到动力源泉，并发现阻力似乎在减少，或者说它变得微不足道，不足以影响你的任何行动。

我们对梦想应该"发大愿"，也就是立下一个远大的志向。我"发大愿"立志成为一名生命导师，点燃1亿人的生命，激活1亿人的梦想，激发1亿人的潜能。当我有了这个远大的志向后，每天都充满动力，因为我知道我现在所做的一切不仅仅是为了自己，而是为了更多人。这让我有一种被需要的感觉，有一种非常强烈的使命感和责任感。带着使命感去做一件事，内心是无所畏惧的，行动是勇往直前的。

太多的半途而废，都是因为动力不足。因此，我们必须充分激发自己的动力。为你要做的事情写下足够多的理由，贴在随时可见的地方，感到阻力很大、行动迟滞的时候，大声朗读这些理由，增强动力来对抗阻力。当然，你也可以随时为自己写下更多理由以增强动力。

## 如何减少阻力

在实现梦想的路上，不可能一帆风顺，总会有许多阻力。这些阻力，就像一堵堵墙，阻碍着我们向梦想前进。外部的阻力大都来自我们所处的环境，如社会压力、资源匮乏、时间限制等；内部阻力则与我们的内在状态有关，如拖延、自我怀疑、完美主义等，这些都可能让我们停下脚步，不再向前。

如果把阻碍看作一种考验，克服阻碍、减少阻力的关键在于你是否真的想要实现梦想。如果遇到一点阻碍就退缩，那说明这并不是你真正想要的。我觉得一个人和梦想的关系就像热恋中的情侣，时刻想见到对方，有说不完的话，有无穷的激情和动力。追求梦想时遇到的挑战和阻碍，就像情侣间的吵架和磨合，让人更加珍惜梦想，坚定追求梦想的决心。我们愿意为了梦想付出时间、精力，甚至是牺牲，就像情侣愿意为了对方做出改变和妥协。

### 找到阻力，一一击破

我们该如何通过阻碍考验，减少阻力呢？找到阻碍所在，才能有针对性地克服它。在我学习成长、追求梦想的过程中，遇到过很多阻力：自身惰性、不知道该怎么做、三分钟热度、表达能力差、家人不支持……每遇到一个阻碍，我都会去寻找合适的解决方案。

惰性，每个人都有，我也不例外。看见自己的惰性，我就会想办法去克服它。学习时间管理，看见自己的时间，看见自己在哪些地方产生了惰性，自己在哪些地方可以优化。我养成了早起的习惯，坚持 5 点起床，还加入了 5 点半打卡的"大学"共修群。如果有惰性，需要学会找圈子，你想变成怎样的人，就去找怎样的圈子。不要独自默默改变，一个人走着走着可能就坚持不下去了。找到一群有共同目标的人，与他们共同前进。

我的线上课程是实践营，上直播课，做社群。这是我在开课之初就定下的基本形式，有人建议我做录播课，课程单价低一点儿，可以吸引更多的人来报名。但我很坚定，我不是为了卖课，而是为了给人带来实实在在的改变。直播课可以和大家互动，社群将大家聚在一起，长期交流，相互推动。这就是共修的力量。

要克服惰性，还可以找专业老师来督促自己。还是说做课程，第一次设计课程，我没有经验，请了一位课程架构师来教我。老师会安排时间对我进行一对一教学，每次都会布置作业，并随时跟进结果。我只需要跟着他，就可以有节奏地完成课程架构，做好课程设计。在这个过程中，惰性也消弭于无形。

我们随时都有可能遇到自己不熟悉或者未知的事物，有时候真的不知道该怎么做。遇到这样的阻力，最好的方法是找专业人士。我始终相信，我所不知道的事物，一定有人知道，并且非常专业，等着我去找他。而那些一到要做事，就说不知道的人，是在给自己找借口，找"躺平"的理由。

所以，当我碰到不知道怎么做的事情时，就会想办法去找领域内的专业人士，让他来指导我。为了写这本书，我去学习写作，找到语写创始人，按照他的训练要求，我每天要语写1万字。他每天看作业，适时地给我打电话，告诉我如何优化改进。老师的长时间陪伴和指导，加上大量的训练，我的进步速度非常快。

在其他方面也是如此，不知道如何管理公司，我去找老师学习企业管理，请企业顾问来公司指导；不知道如何做父母，我去找亲子教育专家，请他给我专业的建议；不知道如何做演讲，我去参加演讲课程，在老师的指导下上台演讲……

## 任何问题都已经有解决方案

我们遇到的问题，99.9%一定有人也遇到过，并且已经解决了，还在解决之后分享出来了，只在于你会不会找。我的这种观念也影响到了我的孩子。我儿子第一次做菜，打电话问我怎么打火，我在电话里教了他半天。现在他想做什么菜，自己去网上搜索，各种攻略一应俱全，按步骤操作，就能做出一桌美味。"不知道怎么做"这句话，是绝对不会出现在我的口中的，所有的事情都有解决方法，你遇到的问题，一定有人已经解决了，你只需要找到他，然后去学习就行了。

还有一种阻力，来自时间。一件事如果要做很久，我们可能会觉得很难坚持下去，尤其当这件事难度很高时。我想做的很多事都需要长期坚持，而我恰恰是一个只有三分钟热度的人。为了让自己能坚持下去，我常常会公开承诺。

我想出书，书还没有出的时候，我就经常和人说我要出一本书，让大家都知道，让自己退无可退。天天这样说，书却没写出来，我会一直想怎么出书，问有经验的人，写稿改稿找编辑。很多事情八字还没一撇的时候，我就到处说，迫使自己必须得做。

坚持做一件事的另一种方法是主动承担责任。加入社群，我会主动担任组长、班委，这会让我产生强烈的责任心。我认为只有自己做到最好，才能担任职务，才能成为榜样，影响他人。在时间管理训练营里有一个90天的打卡，我写下的目标是跑步 90 天。由于担任了组长，我每天跑步，就算是台风天，我也会在地下车库里跑。

对于演讲练习和阅读，我采取的也是这个策略。当时我们的演讲小组有 8 个人，每天 6 点上线，每个人做线上视频直播演讲。主讲人讲完后，其他同学点评，下线后再复盘迭代。第二天继续演讲。连续一个月，学完就练，练完优化，循环往复。演讲需要言之有物，我开始阅读。一个人默默地读，我感觉自己很难坚持下去，所以开了读书直播。没有人关注也没关系，因为不知道什么时候会有人来到直播间，所以我只要打开摄像头，就必须认真读。把自己"暴露"在公共领域，也可以倒逼自己成长。

有时候，家人的不支持会成为很大的阻力。家庭是我们情感支持的首要来源，家人的理解和支持可以极大地增强动力。家人不支持的时候，最不可取的做法是回避沟通，或者和家人争论，这会把家人推得更远，更加得不到他们的支持。正确的做法是和家人分享你的梦想、目标，以及追求它们的意义，展示你的决心，积极沟通解决他们的疑虑，相信爱你的家人会信任你，和你一起找到平衡家庭和个人梦想的方法。

### 直接去做比较快

在你实现梦想的过程中，还有哪些阻力呢？要带孩子，没时间？行动力差？

我有两个孩子，还有一个公司，每天要处理的事情很多，但我还能抽出很多时间来学习成长。因为我知道要让孩子学习好，自己首先要成为一个学习榜样。如果我自己都做不到，怎么能要求孩子呢？孩子是我的动力，想到要成为他们的榜样，为他们创造更好的生活，我便感觉瞬间充满能量。

行动力差，我的建议是不要多想，先做。我是一个冲动型的人，无论做什么事情，想去做的时候马上就做。朋友们经常说我乱花钱，只要我想买什么，就会立刻冲动付钱。我说我就是要抓住有感觉的时刻，激情买单，过一会儿冷静下来，我就不会付费了。

很多人说要想清楚了再行动，但我认为把事情想得太清楚，反而不会有行动。你会想到很多问题和障碍，阻力都一一摆在面前了，动力就会被抵消，还怎么开始行动呢？真正的行动力，是想做就做，抓住想做的那一刻，这是动力最足的时候。

做直播，大家都觉得要做很多准备，要找一个直播环境，摆好三脚架和手机，找个好角度，还要打灯，让人看起来漂亮一点儿……直播设备买得整整齐齐，大概率最后都放在家里吃灰。我第一次做直播时，找了个支架，把手机支起来，坐在书桌前就开始直播。我的第一次直播做了12小时，从早上八点播到晚上八点。那时候我对直播完全没有概念，也没有仔细思考过怎么做，架好手机，对着镜头直接开始说。

做课程也是这样，我定下一个时间，当时整个课程还只是一个框架，我和课程架构老师沟通，我先做海报招生，同步打磨课程。我相信只要有人报名，我一定可以做出一个好产品。我非常了解自己，想清楚就不会行动了，所以非常珍惜行动的冲动，想做什么马上就行动，哪怕只做一个非常简单的动作，也会向目标推进一步。

你可以仔细观察一下自己的行为模式，根据自己的情况寻找合适的解决方案。想做什么，直接去做，你可能会发现自己已经具备需要的能力。犹犹豫豫不去做，你甚至都不知道自己有这项能力。

我始终秉持一个信念：没有什么问题是解决不了的。要早起，闹钟叫不起来，就多设置两个，并把闹钟放远一点儿，让身体离开床才能把闹钟关掉。感觉时间不够用，去记录时间，找出可利用的时间，可优化的行动，调整时间结构。家人不支持，用心去经营关系，积极和家人沟通，争取支持。

我们要实现梦想，归根到底是做两件事，做人和做事。先成人，再成事。就像开车，先修路，路通畅了，在追梦路上才能跑得更快。你在前面奋力奔跑，身后站着一排人，也许是你的家人、朋友或其他人，他们都支持你，稍微用力推你一下，你就可以跑得更快；如果他们都反对你，把你往后拉，你要非常用力才能迈开脚步。所以关系非常重要，特别是和家人的关系。你雄心万丈，家里却一团乱麻，哪里会有心情追寻梦想呢？遇到这种情况，首先要做的是解决家中的问题，获得家人的支持，把阻力化为动力。和谐温馨的家庭是追梦路上的助推器。

在实现梦想的路上，必须做的两件事是，增加动力，减少阻力。当你没有任何阻力，全力以赴地往前走时，行动的效率会高很多，实现梦想的速度也会快很多。

动力需要不断地被点燃，设定清晰的目标，找到内在的渴望，通过外部的激励，写下行动的理由，都可以帮助我们增加并保持动力。而阻力也并非全然消极，它可以是成长的催化剂，让我们在行动的过程中变得更加坚韧，并且阻力也可以变为动力。

**本章行动：**

· 列出你的动力。

· 找出你的阻力并写上解决方案。

# 第四章
行动计划

在前面的章节中，我们已经把梦想可视化，在心中种下了坚定的信念，并且为实现梦想增加动力、减少阻力，接下来就要付诸实践。实践的关键，就是行动。

# 为什么无法行动

我曾经有过疑问：为什么有了梦想也实现不了？为什么这么努力，却没有结果？不知道你有没有过这样的疑问，当我逐渐接近梦想时，我发现以前没有取得成功的原因在于没有具体的目标和行动计划。

## 目标指引方向

回想一下，我们上小学时，老师都会问：你有什么梦想？我们会说想当科学家、当宇航员、当老师……最后老师往往总结说：想要实现梦想，现在就要好好读书。在我们走向社会后，发现自己离小时候的梦想越来越远。原因就在于没有行动计划，或者说那时候的我们并不知道如何为自己的梦想制订行动计划。"好好读书"这个答案本身没错，但我们并不知道要读多久，要读到什么程度，没有具体的目标和方向，不知道如何使力。没有清晰的目标，哪怕忙碌10年、20年，依然可能无法实现梦想，因为努力的方向可能不对。

曾经有人和我说：我没有明确的目标，只是想让自己变得更好一点儿。我问他：变得更好一点儿的目的是什么？为什么要变得更好呢？什么方面要变得更好？如果无法回答这些问题，"更好"是无法衡量的。

一位学员曾和我反馈说自己的时间管理混乱，想和我学习如何管理时间。和他沟通后，我发现混乱的原因就在于没有目标，不知道每天为什么而忙碌，注意力也是分散的，看似很多事情，却都不聚焦，努力去做也没有结果。所以，无论做什么，先定个目标，写下行动计划，朝着目标行动，才能把事情干成。

如果现在问你：你想要做成什么？你可能有很多答案：想变得更优秀，想升职加薪，想突破内在的恐惧，想学习高情商沟通，想成为作家……那么，这些想做的事情，你有行动计划吗？什么时候开始行动？需要哪些资源？要掌握哪些技能？还需要提升哪些方面的能力？谁能给你提供帮助？……如果这些问题都没有答案，那么所有的"想"都是一个口号，而非真正能落地的能实现的目标和梦想。

刚开始管理公司的时候，我不太会做管理，当时我就思考公司要变成什么样子？我扮演怎样的角色？要具备什么能力？我的领导力、沟通力、管理力还有哪些不足？要怎么提升这些能力？我给了自己五年时间，一点点地补足各方面的能力，最终实现了公司的自动化运营。

## 行动计划指导行动

有一句很流行的话：人生没有白走的路。我认为人生也没有白学的知识，但是带着目标和计划的学习，和没有目标和计划的学习，是不一样的。没有目标，没有计划，看到什么学什么，花了很多时间，学了很多，却不一定能取得成果。带着目标和行动计划去学习，所有行动都聚焦在目标上，学完马上就能应用，及时获得反馈，修正、优化、迭代，学习效率会非常高。

我的梦想是成为一名生命导师。那么成为生命导师，需要具备什么呢？首先认知要高，持续学习，升级自己的思维。其次要提升自己的表达能力，清晰地表达自己的思想，有效地帮助他人。行动上要说到做到，活出生命的本质。一项项拆解之后，行动计划就非常清晰了，我只需要按部就班地行动即可。

再举一个例子，如果你想成为销售冠军，需要具备怎样的条件？

·专业能力，了解你所销售的产品或服务，包括其特性、优势和潜在问题。

·洞察市场，深入了解目标市场，包括客户需求、竞争对手情况和市场趋势。

·沟通技巧，能够清晰有效地与客户沟通，包括倾听、说服和建立信任。

·社交能力，与客户建立长期关系，提供个性化服务和支持。

·解决问题的能力，能够快速识别问题并找到解决方案，能够适应市场变化和客户需求变化，灵活调整销售策略。

·持续学习，不断学习新的销售技巧、产品知识和行业动态，保持竞争力。

·团队合作，与团队成员合作，共享信息和资源，共同达成销售目标。

又该制订怎样的行动计划呢？

·培养专业能力，深入了解产品信息，参加销售培训，关注行业内的资讯，阅读专业书籍，提升专业能力。

·进行市场研究，通过各种渠道，了解目标客户群、竞争对手和市场趋势。

·提升沟通技巧，通过阅读、上课等方式，学习高情商沟通方法，应用在与客户的沟通中。

·增强社交能力，积极主动地加入圈子，参加行业会议、社交活动和聚会，扩大自身的社交圈，并深度地链接客户。

·学习榜样，找到世界上最厉害的销售员，以他们为榜样，浏览他们的书籍和视频，通过这种方式向他们靠拢。

·寻找支持和资源，盘点身边的资源，看看谁能给到支持，主动链接，提供价值并获得支持。

·打破内在限制，销售人员要积极主动，主动陌拜，主动与陌生人交流沟通，主动链接客户。

……

接着将每一个行动计划细化，如多久参加一次培训；上哪些课程，周期是多长；要读哪些专业书籍，多久读完；每天安排多少次陌拜，链接多少位客户；等等。任何梦想和目标，没有具体的行动计划，都只是空洞的口号。而空洞的口号，肯定无法实现。根据你的梦想和目标，制订详细的行动计划。

## 行动计划聚焦目标

我的目标是成为一名生命导师，我写下的行动计划，包括读什么书，上什么课，和哪位老师学习，具体的课程安排是什么，每天要完成哪些作业，如何实践所学。行动的维度也很丰富，包括阅读、学习金刚智慧、研习佛法、参加教练课程、海外游学、演讲、语写、做企业顾问、做公益分享、运动、冥想、组织训练营、陪伴家人……

所有的行动计划都是围绕我的梦想"成为生命导师"而展开的，并且每一项都具体可执行。当行动计划呈现在眼前时，我能清晰地看到自己正朝着梦想一步步靠近，因而每天都有无穷的动力和激情去行动。在我这里，和梦想不相干的事情，都是不重要的。

一个人如果不知道自己应该做的最重要的事情是什么，但凡生活中发生一点儿什么事情，他的注意力就会被牵着走，时间管理自然会变得混乱。把梦想拆解为行动计划，落实到每一年、每一月、每一周、每一天，早上醒来就知道今天要做什么，只要去做就行了。不会有犹豫，也不会有怠惰，因为你知道一切都是为了实现梦想，每一个行动都能让你离梦想更近一步。

为什么我们容易拖延，原因在于不清楚自己要做什么，不清楚自己所做的事情为了什么。当你非常明确自己的下一步行动是什么，是为了什么时，行动力就会变得非常强。就像每天一早醒来，我的脑海里都会列出这一天要做的事情，它们是我精心编织的"捕梦网"，每一个行动都是这张网上不可或缺的节点。想到这里，我会迫不及待地起床，然后把这些行动一一安排在一天的时间轴上，撸起袖子开始行动。到现在，我已经坚持5点起床2000多天，就是因为每天一早醒来，我就知道自己要做什么，根本没时间睡懒觉。

## 如何拆解出行动计划

很多人写下梦想，却迟迟不行动，为什么？因为梦想太大了。太大的事物不具体，无法落实到行动，必须拆解，把梦想拆解为目标，把目标拆解为行动计划，把行动计划拆解为马上可以执行的动作。在拆解目标的时候，很多人会犯一个错误，做的是拆分，而不是拆解。比如目标是成为销售冠军，这个月要达成 100 万元业绩，那就把目标拆解为 30 天完成 100 万元，每天 3.3 万元的目标。这不叫拆解，而是拆分。拆解是先看要做多少个订单可以达成 100 万元的目标，假设 10 个订单可以达成，那么接着确定拜访多少个客户可以产生 10 个订单，假设是 150 个客户，那么你要做的是在一个月内拜访 150 个客户，也就是每天拜访 5 个客户。真正可执行的行动，也不是每天收到 3.3 万元，而是去拜访 5 个客户。

再大的目标都可以也必须拆解为马上可执行的动作。就像大家都知道的那个脑筋急转弯：把大象装进冰箱需要几步？第一步打开冰箱，第二步把大象放进去，第三步关上冰箱门。每一个动作都是具体的，可执行的。

学习一个全新领域的知识，也只要五步：

第一步，确定学习目标。明确为什么学习，要从中获得什么，达成怎样的成果。

第二步，广泛搜集资料。利用网络、专业书籍、线上课程等资源，搜集相关领域的核心知识，对整个领域有一个基本概览。

第三步，构建知识框架。把搜集到的资料进行整理归纳，构建一个清晰的知识体系。

第四步，深入学习实践。通过阅读或上课等方式进行深入学习，并运用到实践中，检验学习成果。

第五步，持续更新反思。学习是一个持续的过程，定期回顾并更新知识框架，反思收获和不足，迭代更新。

我想学习一门课程，行动动作更简单：第一步，到网上搜索相关课程；第二步，加微信联系课程老师；第三步，和老师沟通；第四步，确认合适后缴费；第五步，上课。

如果你想阅读，那就定下要看什么书，确定每天看多少页，看完之后如何实践……如果你想提升沟通技巧，那就积极主动找人聊天，确定一个月要和多少人聊天，分别是谁，聊天的主题是什么……如果你想赚钱，那就定下业绩目标，确定见多少客户，陌拜多少人，签下多少订单……把一件事情拆成动作，而且是每天可以做的，这样每天做一点，难度会小很多。执行具体、明确、清晰的行动，才能实现梦想。

不要期待一次性完成一个大任务。大任务会带来压力，人往往看到压力就不敢行动。梦想很大，但制订出具体的行动计划后，梦想就变得很小了，每天都可以为目标做一点儿事情，而不是一个挂在墙上庞大的目标，看到就有压力，而不是动力，这样很难采取行动。

梦想，无论多么宏伟，都需要一个明确的行动计划来支撑。没有行动计划，我们的梦想便如同无根之木，难以生根发芽。完美主义往往成为行动的枷锁,追求完美常常是行动最大的障碍。害怕犯错,害怕不完美,这导致我们犹豫不决,甚至停滞不前。然而,完美是一个不断追求的过程,而非一个静态的结果。永远记住:先完成,再完美。这个世界上没有完美的东西,但任何事情都可以做得越来越接近完美。前提是去做,做了一次才会有第二次,才会一次比一次更好。

最初做直播,我什么都没想清楚,播什么,怎么播,都没想过,架起手机就开始播。每一次直播完成之后,我都会去复盘,看自己哪里做得好,哪里做得不好,哪里可以改进,哪里可以继续加强。现在我直播已经超过600场,每天还在继续直播,逐渐拥有了一些忠实粉丝。如果你有完美主义情结,就把"先完成,再完美"这六个字写下来,放在桌面上,或者做成手机屏保,时时刻刻提醒自己,先行动。开始行动,梦想就成功了第一步,继续行动,才能找准梦想的方向,即使错了也没关系,通过错的,才能找出对的。

**本章行动:**

· 列出你实现梦想的具体行动计划。

# 第二部分

# 打开实干家锦囊

# 第五章
## 高效行动

在这个信息爆炸、节奏快速的时代，我们似乎也被卷入了永不停歇的旋涡之中，每天忙得不可开交，时间在指尖飞逝，任务和责任如同不断涌来的波浪，一波未平，一波又起。工作、学习、家庭、社交，似乎要把生活的每一秒都填满。这种忙碌给人带来极大的压力：每件事都感觉很重要，但真的忙不过来，效率变得越来越低，该怎么办？如果你也是这样的状态，高效行动的4D原则一定能帮到你。

# 时间管理的终极目标：创造价值

当我们说高效行动时，实际上是在说什么？大都是在说如何能以最少的时间和精力去达成目标或实现梦想。它不仅仅是快速完成任务，更重要的是有目的性、计划性和策略性，要求我们清晰地理解目标，识别并专注于最重要的目标，避免分心和不必要的干扰。因此高效行动所要求的底层能力便是时间管理能力。

那么，时间管理的本质又是什么？很多人学习时间管理，目的是让自己有更多的时间做更多的事情。这种理解实际上是一种误区。如果做时间管理，就是让自己更快地做事，做更多的事情，那我们迟早有一天会精疲力竭，而成效甚微。所以，时间管理的首要目标，是帮助我们识别并专注于那些真正重要的事情，而不是简单地增加任务量。

## 时间管理四象限原则

时间管理的关键，在于管理欲望和选择。每个人每天都有无数件事情要做，但并不是所有的事情都值得投入时间和精力，要区分哪些是紧急的，哪些是重要的，哪些是真正符合我们的梦想和目标的，有意识地做出选择，把时间和精力投入那些能够带来最大回报和满足感的事情。这也是为什么要做梦想板的原因，当你知道自己真正想要什么时，才能管理内心的欲望，选择真正重要的事情，行动才会有方向、有焦点。什么都想做，什么都去做，时间会在忙忙碌碌中悄然被浪费。

所以，有效的时间管理实际上是一个做减法的过程。它要求我们剔除不重要的干扰选项，减少低效的活动，从而为真正重要的事情腾出时间。在你的日常生活和工作中，什么是最重要的事情？每天大量的任务，你是否知道哪些是重点，知道该从哪一件事情着手处理？我曾经在面对越来越多的待办事项时感到非常焦虑，后来借助著名管理学家史蒂芬·柯维提出的时间管理"四象限原则"，对每个事项进行一一厘清，逐渐变得能从容且轻松地处理它们。

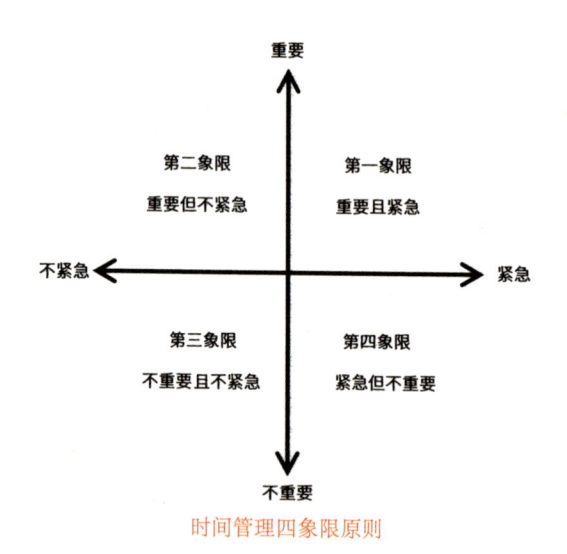

```
                    重要
                     ↑
          第二象限    |    第一象限
         重要但不紧急  |   重要且紧急
                     |
   不紧急 ←――――――――――+――――――――――→ 紧急
                     |
          第三象限    |    第四象限
         不重要且不紧急 |   紧急但不重要
                     |
                     ↓
                    不重要
```

时间管理四象限原则

时间管理四象限原则根据待办事项的紧急和重要程度，把所有事项分为重要且紧急、重要但不紧急、不重要且不紧急、紧急但不重要。

第一象限：重要且紧急。这些事项通常是无法回避的，它们需要立即被处理。例如，临近截止日期的事情、突发事件或需进行危机管理的事情。

第二象限：重要但不紧急。这些事项对长期目标至关重要，但它们不需要立即完成。例如，职业发展规划、健康管理或家庭关系建设。

第三象限：不重要且不紧急。这些事项既不紧急也不重要，通常可以推迟或委托给他人。例如，长时间的社交媒体浏览或琐碎的家务。

第四象限：紧急但不重要。这些事项可能需要立即响应，但它们对长期目标贡献不大。例如，某些会议或他人的紧急请求。

从这个时间管理四象限原则可以看出，重要但不紧急的事情，是我们应该重点关注的。重要且紧急的事情往往是不可避免的，但频繁地处理这类事务，意味着我们总是在"救火"，一直陷在忙碌中，没有足够的时间来处理长期且重要的事情。而不重要的事情，无论是否紧急，我们都要学会对它说"不"，唯有这样，才能保护自己的时间，确保它被用在最有价值的地方。

对我而言，重要但不紧急的事情是关注的重点，这些事情都与我的梦想相关。也有人好奇地问我，每天都忙于追求梦想，不需要工作吗？我的梦想就是我的终身事业，而我将它拆解之后，落实到每一天的具体行动，包括工作、学习成长、运动、关爱家人等，因此我的大部分行动都和梦想相关。这是在过去很长一段时间里，确定自己的梦想，并持续行动之后，所形成的整体体系。

那么对你而言，什么事情是重要但不紧急的呢？你是如何安排的呢？我们要经常思考这些问题，抓住这个核心，让自己聚焦在重要但不紧急的事情上，去做长期且有价值的事情。

### 识别并聚焦于价值领域

在这个厘清重要事项的过程中，我们始终要记住：时间管理的终极目标是价值创造。因此我们要识别自己的价值领域——那些我们最擅长、最热情、最能够产生积极影响的领域。简单来说，就是你最想做的事情，做起来最轻松的事情，能够赚到钱的事情。如果你是销售人员，销售能力很强，你的价值领域就是开拓市场，与客户打交道。如果你是采购人员，擅长挖掘采购渠道，擅长砍价，那么你的价值领域就是为公司节省成本。如果你是老板，擅长管理和沟通，你的价值领域就是找人、找资金、找客户。

识别自己的价值领域，接下来就是专注在这些领域创造价值，把时间和精力集中在那些能够最大化价值的任务上，这样才能确保时间和努力被用在最有意义的地方。但我们可能还是会发现自己常常会做很多不那么重要也不那么紧急的事情，浪费了时间也没有产生价值。这是由于我们对自己的时间成本没有清晰的概念。时间成本，就是这段时间，如果用于做其他事情，可以获得的收益。

假设你月薪5万元，1个月22个工作日176个工时，那么一小时价值大约284元。如果你的月薪是10万元，时薪则是568元。如果家中需要打扫，请一位阿姨打扫2小时收费200元，你请还是不请？把具体的时间成本算出来，这个决策很容易做。如果这段时间能够创造价值，当然是去做最重要的事情，如果这段时间没有安排，自己也想打扫卫生，那也是可以的。

每个人的时间都是有限的，不可能做完所有的事情，计算时间成本和价值，能够让我们理性地评估是否去做一件事。我曾经见过一些老板，他们自己非常擅长做业务，却经常做一些杂事，比如开发票、采购年会物料、盘点仓库等。反而让业务能力不如自己的员工去做业务，这可以说是本末倒置。如果老板把这些做杂事的时间创造业务价值，可使公司营收增加，拿出新增收入的一部分，请一位员工来做助理也是绰绰有余的。

再举个例子，一个销售员把手机丢了，这部手机是新买的，价格也高，要8000元，这让他心情低落，无心上班。接下来的一周他既没有联系客户，也没有处理其他工作事务，浪费了7天时间。如果他用这7天时间联系客户，创造业绩，也许已经赚到2~3部手机的钱。许多人只计算花费的金钱，却忽略了时间成本和精力成本。

而且我们也需要努力提高自己的时间价值。无论每天要做的事情有多少，我都会给自己留出 1~2 小时的独处时间，上课、阅读、散步、语写，做长期有价值的事情。人不是陀螺，不可能转个不停。我身边有一些伙伴，从早上起来就开始忙碌，给孩子做早餐，送孩子上学，准备上班，忙一天工作，晚上回家还要做饭、照顾孩子、陪孩子写作业，完全没有自己独立的时间。这会让人忽略自身的成长和发展，时间价值也不可能得到提升。

时间是有限的，而金钱是无限的。每个人的时间都是有限的，如果你想做更多的事情，如何才能拥有更多的时间？答案是花钱买时间。把那些对于自己不那么重要的事情，或者自己并不专业的事情，交给其他专业人士或服务机构来完成。这么做，能够腾出时间，减轻压力，让我们专注于更重要的事情，而且也能提高效率，因为专业人士通常能更高效地完成任务。

我是一个很喜欢请专业人士来帮忙的人，开发课程请专业的课程架构师，写作请专业的语写老师，演讲请专业的演讲老师。这些事情我可以自己做吗？都可以，但需要很长时间，比如开发课程，自己摸索，可能需要两三年时间，但是如果请专业老师指导，三个月便可见效，效率非常高。省下来的时间也是金钱，更快做成事情就是省钱。

计算时间成本，了解自己的时间价值，当你要做一件事的时候，问问自己：这件事只有我能做，还是其他人也能做？如果任何人都能做，而你的时间价值更高，那就可以请人来帮你做。时间是专属于你的资源，时间管理要从投资的角度去看，每一个选择是为了最大化这种投资的回报，并且在更长的时间里获得时间复利。

## 高效行动必备能力：4D 原则

你是否经常觉得自己什么都没干，但时间又过去了，无法专注下来？或者做一件事的时候，总想着还有另一件事，但又想不起具体是什么？又或者一忙碌起来，思绪变得非常混乱，情绪也非常烦躁？

以前我也是这样的，开始语写之后，脑海中的所有想法脱口而出，在手机上变成文字，我发现即使当天的事情都处理完了，大脑中还会堆积许许多多的事情。大脑似乎变成了收集箱，什么事情都往里装，这大概也是很多人焦虑的原因。

但大脑不是硬盘，而是 CPU。大脑擅长的是思考，是创造，而不是存储。但我们常常把大脑当作硬盘使用，让它每天存储和记忆。但大脑也和电脑一样，电脑硬盘被存满时，运行起来就很慢，甚至死机。一直往大脑里存信息，大脑也会短路。而且大脑的内存也是有限的,它只能同时关注到3~4件事,一旦超过这个数量,记忆容易混乱。而且它为了腾出空间存储新信息,会选择遗忘旧信息,所以我们常常会觉得自己丢三落四。当忙忙碌碌的我们急需从大脑中提取信息时,会发现大脑已经把那些信息忘记了。

### 记录,清空大脑

高效行动,第一步是清空大脑,把大脑的空间腾出来,留给思考和创造。具体怎么做呢?记录。选择一个收集箱,把你所有的任务、想法、责任,统统记录下来列成清单。工具可以选择最简单的纸和笔,也可以选择清单类管理软件。然后,找一个不被打扰的时间段,把你想到的事情全都写出来,清空大脑。

列清单收集大脑中的想法有四个基本原则,即一切、快速、可靠、手边。具体来说就是,记录大脑中的一切想法,不管它是什么,所有想法都先记录下来;速度要快,不要花太长时间,也不需要很详细,只记下要点;记录工具要可靠且易于掌握,手边能随手拿到的是最好的,这样能保证随时随地记录。

你现在就可以放下书,用半小时把脑海中想做的事情记录下来,再回来继续阅读。当然,列清单是一个持续动作,每天都要做记录,有任何事情随时随地都要记录。在一次线下课程中,大家一起花半小时做记录列清单。完成之后,很多人都说有一种把所有事情都掏出来的感觉，大脑瞬间感觉轻松了。

刚开始做记录列清单时，建议大家使用纸和笔，手写有一种仪式感，写下来也会更有感觉，能够更好地养成习惯。养成习惯之后，可以用手机记录，现在大家手机不离身，手机在身边就可以随时随地记录。我现在使用的是"滴答清单"这个软件，有了灵感就能马上记录下来，然后一件件处理，而且记下来的事情都不会忘，随时可以查找调用。

### 排程，4D 原则分类

高效行动的第二步，是排程，也就对记录下来的事情，进行分类和排序。我们要把时间用来做有价值的事情，那就要对事情进行分类，分类原则是我们前面所说的时间管理的四象限原则，然后根据轻重缓急将每件事情安排到时间轴中。

这一步要运用的就是 4D 原则。[1]

4D 原则基于四个简单的行动指令：删除（Delete）、推迟（Delay）、委托（Delegate）和执行（Do）。

删除（Delete）：删除那些不重要不紧急的任务，包括无关紧要的干扰，与目标无关的事务，不需要承担的责任等。通过删除这些任务，为更重要的事情腾出时间。

---

[1] 此部分内容参考自"易效能"品牌创始人叶武滨老师的教学体系。

推迟（Delay）：有些任务虽然重要，但并不紧急，或者暂时没有考虑好，可以推迟处理，直到等到更合适的时机。在没有重要且紧急事情的时候，可抽出时间来关注这些被推迟的事情。

委托（Delegate）：那些可以由他人完成的任务，尽量委托出去，包括工作中的任务或生活中的琐事。通过委托，在确保任务得到妥善处理的同时，你可获得更多时间。

执行（Do）：那些既重要又紧急，还必须自己去做的任务，立即执行。这些任务通常与目标和责任直接相关，需要我们亲自投入时间和精力。

有的事情可能只是偶然间闪过的一个念头，做与不做都可以，比如忽然想看一部新剧，仔细思量可能觉得太浪费时间，那就删除这项任务。朋友推荐了一本好书，自己也想看，于是记录下来，但不那么急着阅读，就放在推迟分类里。我想去日本旅游，但没有确定时间，也是放在推迟分类里。我的很多工作事务都会委托给合适的员工去处理，作为领导者，一定要知道如何把工作委托给员工，告诉他具体的要求、截止时间和任务目标，这样才能发挥团队的力量。剩下的就是必须自己做的事情。

## 执行，迈出第一步

高效行动的第三步是执行。需要执行的事项确定之后，先别着急动手，思考以下三个问题：

第一，要不要做？

第二，想要达成的结果是什么？

第三，行动的第一步是什么？

比如我记录的清单里有一条是拜访客户，我会问：一定要我去吗？如果不一定要我去，可以委托谁去？我去拜访这个客户，需要达成什么结果？常规拜访，了解客户需求，签合同，还是售后跟进呢？拜访客户，行动的第一步是什么？和客户约定拜访时间，打电话还是发信息呢？客户可能在忙，发信息比较合适。

确定了第一步行动，马上去做。行动了就会得到反馈，然后再根据反馈确定下一步行动。还是以拜访客户为例，发信息给客户，和他约时间，他有时间，下一步行动就是在约定的时间地点见面；他没有时间，那就看他什么时候有时间，约定一个客户方便的时间见面。就这样一步一步推进行动，直到达成预定的目标。

记录、排程、执行，这三个高效行动的步骤，每天都要做，直到建立起习惯，持续运转起来。我每天晚上都会打开自己的日历，把事情一项一项安排进日程，再看看自己记录的清单里都有些什么事情，一件一件地处理掉。复盘时，只需要打开日历，我就知道自己这一周去了哪里，做了些什么，一目了然。

善用工具能在很大程度上提高效率。我喜欢用清单和日历，随时随地把要做的事情记录到清单里，再安排到日程中，要做哪些事情，哪些完成了，哪些没完成，进度如何，都非常清晰。每次要安排什么事情，我都会查看一下日历，以防止出现冲突。还有一些日常事项，如家人生日、信用卡还款、房贷还款等重要事项，也都会记录下来，提前做好准备。在固定的时间检查并更新清单和日历，确保所有信息都是最新的，避免出现混乱状况，并确保自己清晰地知道下一步该做什么。

对于日程安排，还有一些小技巧，比如根据情境集中安排事项，有些事情适合在家做，我会把它们列在一起，早上出门前或晚上回家后，集中处理，效率会比一次做一件事高很多。

## 训练专注的工具：番茄工作法

### 储时罐

你可能听过这样一个故事：

一位教授走进座无虚席的教室，在讲台上摆了一个透明玻璃罐子。他拿出几块大石头，放进罐子里，然后问学生：罐子装满了吗？学生们一看已经放不下大石头了，纷纷说：满了。

教授没说什么，拿出一些小石子，把它们放进罐子里，填满了大石头旁边的缝隙，又问学生：罐子现在满了吗？学生们又纷纷回答说：满了，满了。只见教授又拿出一袋细沙子，全部倒进罐子里，覆盖了大石头和小石子，填满罐子里的空间，又问：现在呢？学生们又齐齐点头。教授又拿出一瓶水，倒入罐子，水渗透细沙，慢慢溢满罐子。

---

这个罐子就像我们的时间，同时装下大石头、小石子、细沙子和水，就必须按顺序放下去，先放大石头，再放小石子，接着放沙子，最后倒入水，如果顺序错了，那就装不下了。而大石头代表着人生中最重要的事情，家人、朋友、健康、事业；小石子代表着爱好、娱乐；细沙子代表生活中的各种琐事；水则是空余时间。因此如果你把所有时间精力都花在小事上，忙得不可开交，就没有时间做真正重要的事情。所以一定要把事情按轻重缓急进行排序，将自己的注意力聚焦在真正重要的事情上。

但现在我们经常会陷入细沙陷阱，即注意力涣散，具体表现在经常刷短视频、浏览社交媒体等。我们需要重新找回注意力，让自己专注于重要的事情，番茄工作法是一个非常好的工具。

## 番茄工作法

番茄工作法是由弗朗西斯科·西里洛在 20 世纪 80 年代末开发的一种时间管理方法，简单来说就是在 25 分钟的番茄时间里专注做一件事。番茄工作法的核心内容非常简单。

第一，采用"专注 25 分钟 + 休息 5 分钟"的时间节奏做事情；

第二，一次只做一件事；

第三，番茄钟一旦开始就不可中途停止，否则作废；

第四，连续专注 4 个番茄钟，可以获得 15 分钟的长时间休息；

第五，通过"短时间的专注工作 + 频繁的休息奖励"，强制执行短暂的、专注的工作周期，帮助我们保持专注，同时不断激励我们投入下一个工作任务。

番茄工作法对于需要专注的人来说是一个非常好的工具。我经常会运用番茄工作法背后的一个原理，即截止时间是生产力。番茄工作法的截止时间是 25 分钟，25 分钟完成一项工作任务，或者把目标向前推进一步。因为 25 分钟这一截止时间的存在，让人主动进入专注状态。当然你也可以选择其他组合方式，如专注 45 分钟休息 10 分钟等。

我也把这一原理运用在很多生活事务上。培养阅读习惯，设置 3 分钟倒计时，在极度专注的状态下，3 分钟可以阅读很多内容。如果孩子做作业拖延，就和他商量在多长时间内完成，如果 1 小时可以完成，设置两个番茄钟。我自己做作业也这么操作，为了在倒计时之前完成，我会有一种紧迫感，使我更加专注。

我家中还有很多闹钟，提醒我时间到了该去做某件事情了。比如 5 点的闹钟，是叫我起床；6 点 45 分的闹钟，提醒孩子准备出门上学；22 点的闹钟，是准备睡觉的提醒。有了这些提醒，形成习惯，到了固定时间，就会开始做固定的事情，不需要再花费精力确认时间、安排行动。

注意力比时间更重要，时间比金钱更重要。你的注意力在哪里，就会在哪里产出结果。然而现在，注意力成为一种稀缺资源。我们必须用心管理自己的注意力，专注于最重要的任务上，才能真正做到高效行动。

## 保护注意力

如果你觉得自己的行动效率下降，那么首先可以去看看自己的注意力花在哪里了，然后采取行动减少干扰，让自己的注意力聚焦。注意力是我们最宝贵的资源之一，一旦分散，就很难高效地完成任务。因此，优化注意力分配，是提升效率的关键。具体可以采取的行动包括以下几点。

1. 删除经常不用的 App。手机 App 可能会不断推送通知，分散你的注意力。检查并删除那些很少使用或根本不需要的 App，可以减少干扰。

2. 取消不常看的公众号。社交媒体中充斥着大量信息，但并不是所有信息都有价值。取消订阅那些你很少阅读或不感兴趣的公众号，这样可以过滤掉无关信息。

3. 退出没必要的群。过多的群聊会消耗大量的时间和精力，尤其是那些充斥着闲聊和无关紧要信息的群。评估每个群的必要性，退出那些没有实质性帮助的群。

4. 把桌面上分散注意力的物品移开。保持工作空间的整洁可以减少视觉上的干扰，将不必要的装饰品、杂物等移出视线范围。

5. 把不重要的推送信息关闭，特别是各种广告。关闭那些无关紧要的推送通知，可以防止它们打断你的工作流程。

6. 一开始就停不下来的事情，马上屏蔽。识别那些会消耗大量时间但收益有限的活动，比如游戏、网络小说、短视频，删除或屏蔽它们。

7. 将手机静音，并放在视线之外。这样可以减少查看手机的冲动，从而减少分心。

8. 提前屏蔽干扰。开始一项重要任务之前，告知周围的人你将专注做事，请他们暂时不要打扰你。同时，提前处理那些小而杂的任务，为重要工作腾出空间，减少被打扰的可能性。

注意力和时间都是我们的宝贵资源，而高效行动是一种能力。保护注意力，就像保护自己最宝贵的资源，有技巧地训练自己的注意力，确保时间用在最有价值的地方，运用 4D 原则，建立习惯，培养高效行动的能力。

**本章行动：**
- 把要做的事情写下来，用 4D 原则分类，并安排执行。
- 去除分散注意力的东西。

# 第六章
# 精力管理

# 第六章 精力管理

在这个快节奏、高压力的时代，每个人都在与时间赛跑，试图在有限的 24 小时内塞进尽可能多的任务和目标，结果却身心疲惫，工作效率低，状态差，严重拖延，每天都感觉很累，能不动就不动……这就是精力不足的表现。有一段时间我感冒了，但事情比较多，晚上 12 点才入睡，早上 5 点又起来了，那段时间明显感觉精力不足，做什么都很慢，反应也略有些迟钝。精力跟不上，身体和精神状态都不是很好，也无法实现高效工作。

精力，看似无形，却又无处不在，它决定了我们能否持续地、高效地追求我们的梦想，影响着我们日常的创造力和面对挑战时的韧性。精力充沛时，我们似乎能征服全世界；精力耗尽时，最简单的任务也是巨大的挑战。

精力管理，就是帮助我们学会管理自己的能量，做好能量的输入，控制能量的输出，实现自身能量的守恒以及持续高效运转，以最佳的状态去迎接新的挑战，实现我们的梦想和价值。

## 精力消耗

精力像一块有限的电池,我们做的每一件事都会消耗一些电量,即使放在那里也会像电池一样放电。但好消息是,我们可以通过系统的精力管理训练,对精力进行有效管理、合理分配,让自己精力充沛,活力四射。

日常的精力消耗是多方面的,它不仅仅发生在工作场所,也渗透到生活的每一个角落。从早晨起床的那一刻起,我们就开始消耗精力:准备早餐、通勤、处理工作、参与社交活动、照顾家庭、休闲娱乐等,都需要投入注意力、体力和情感,从而消耗我们的精力。

精力消耗是一种正常现象,本身并不是问题,但现在很多人都有精力过度消耗的问题:早上起来精力充沛,一天下来,就像泄了气的皮球,只想躺平。关键原因就在于这些精力的消耗并没有创造价值,也没有得到及时补充。

创造价值的精力消耗指的是那些能够带来直接或间接收益的活动,比如完成工作任务、学习新知识、建立人际关系等。这些活动虽然消耗精力,但它们有助于我们实现目标、提升自我、实现梦想。这些活动中的精力消耗是正常耗损,及时补充精力,保证精力供给,就能形成精力的良性循环。但并不是所有的精力消耗都能带来价值。还有很多事情消耗精力,却并不会带来任何积极结果,甚至可能给我们的情绪和身体带来负面影响。这些事情来自生活的方方面面：

- 无休止的家务劳动。家务劳动是必要的，但当它变成永无止境的任务，没有时间进行休息和恢复时，它就是吞噬精力的黑洞。
- 消极的情绪状态。焦虑、悲伤、愤怒等消极情绪会极大地消耗精力，尤其当人沉浸其中且无法抽离时，几乎不会带来积极的结果。
- 过度沉迷于手机。手机为我们带来了一个虚拟世界，并且用尽所有方法获取我们的注意力。我们会在社交媒体上无目的地浏览，无意识地刷短视频，花费大量时间，却收获甚少。
- 精神内耗。内心的冲突、焦虑、压力、过度思考或情绪问题，导致我们身心疲惫、动力不足、注意力分散。
- 不健康的生活习惯。如不规律的饮食、缺乏运动、熬夜等，这些习惯长期下来会削弱一个人的精力。
- 人际关系问题。与家人、朋友及其他人之间的人际关系，也可能成为精力损耗的来源，比如冲突矛盾、社交压力、沟通问题、竞争比较等。
- 无意义的工作。漫长的通勤、过长的工作时间、职业倦怠、不良的工作环境、缺乏认可等工作中的事务，都会极大地消耗精力。

……

如果生活中充斥着这类事情，精力一直在耗损的状态下，我们就无法全心全意地去创造自己想要的价值。相反，我们的精力100%都用于创造价值，能够做出的成果会比现在多很多。

## 精力提升

生活中损耗精力的地方无处不在，那么有什么方法可以帮助我们有效地管理精力，确保精力投入能带来更大的价值呢？我在学习和训练自己对精力管理的过程中，总结了提升精力的10件事，并持续践行，为自己"充电"和滋养。

**第一件事，好好睡觉。**睡眠是精力恢复的基石。一个成年人每天大概需要6～7.5小时的睡眠，以保持身体和心理的最佳状态。睡眠不仅仅是休息，它还是身体修复、记忆巩固和情绪调节的关键。缺乏睡眠、熬夜或睡得不好，会导致注意力下降、情绪波动，精力充电不足，损耗加剧。

好好睡觉，首先是要培养规律的作息习惯。建议最好在晚上11点前入睡，从养生的角度来看，晚上10点半入睡，第二天早上6点左右起床。当然每个人的生理规律是不一样的，适合的睡眠时间和方式也不一样，需要根据自己的具体情况来管理睡眠。

科学研究发现，我们每晚的睡眠分为4～6个周期，每个周期的时长大约是90分钟。一个完整的睡眠周期包括入睡期、浅睡期、熟睡期、深睡期和快速眼动期。其中深睡期对精力的恢复作用最大，快速眼动期对记忆增强和情绪恢复作用较大。

如果你能在11点前入睡，以90分钟为一个睡眠周期，你可以睡4个或5个周期，也就是6小时或7.5小时。规划好睡眠时间，避免在深睡眠状态时被打扰，早上起来最好不用闹钟，能够做到自然醒，起床后去户外走一走，晒晒太阳，精力满满地迎接新的一天。

睡眠大概占据了人一生三分之一的时间，对每个人来说都非常重要。睡眠是人自然的生理需求，但我们在后天所养成的睡眠方式和习惯却各不相同。现在人们的睡眠问题各种各样，事实上这是身体在提醒我们出现了失衡状态，需要调整。比如白天各种事务缠身，没有时间做自己的事情，于是晚上熬夜，抓住睡前的几小时做自己想做的事情，结果越熬睡得越晚，睡眠质量变差，第二天更加疲劳。因此在白天就要腾出放松独处的时间，白天主动休息，晚上避免报复性熬夜。

有一些人是内耗型失眠，他们会在睡前纠结白天发生的事情，在脑海中"放电影"一样一遍遍回顾，思绪完全无法安静下来，翻来覆去睡不着。放下那些过度在意的事情，就能自然地入睡。

还有一些人是睡不好，睡到一半醒过来，就再也无法入睡，或者是因为神经长期紧张，导致难以入睡。这时候可以采取一些行动进行放松，比如冥想、涂助眠精油、举行睡前仪式等。

睡眠就像是给电器充电。精力耗尽无法工作，需要睡眠来充电。如果熬夜，白天就会电量不足，补觉也没有太大的作用。所以应培养规律的睡眠习惯，睡前放松身心，减少刺激，尤其是把手机放远一点儿，在一个安静、黑暗的卧室里，好好睡觉。

**第二件事，好好运动。**有人认为，运动是消耗精力的。但科学研究表明，合理的运动会提升精力。运动可以增加心肺功能，促进血液循环，帮助身体更有效地将氧气和养分输送到各个器官和肌肉，从而提升精力。这就像磨刀不误砍柴工，现在很多人是脑力工作者，每天坐在电脑前一动不动，运动可以让大脑得到休息。

也有人和我说：我每天这么忙，白天工作，晚上要应酬、要带孩子，有时间就赶紧休息，哪有那么多时间运动。这实际上是不重视运动的托词。如果一个人真正认识到运动对提升精力的帮助，会主动安排时间进行运动。

好好运动，并不是说要运动多长时间或者进行多大强度的运动，而是实现脑力和体力之间的切换即可。长期的脑力活动，或长期的体力活动，对于身体都不好。运动的方式有很多，时间选择也很自由，关键在于找到适合自己的运动方式和时间。比如早上有时间，就在早上运动，我以前经常早上跑步，现在早上做大拜。对我来说，早上运动，是对身体的启动，良好的启动，一整天都能运转得很好。

你可以选择自己喜欢的，能够随时开始随时结束的运动，比如高强度间歇训练，每天 5 分钟，也能给身体带来不小的变化。还可以和家人一起运动，比如一起遛狗、散步、跑步等，既能运动，又能陪伴家人。

**第三件事，好好吃饭**。良好的营养摄入可以为身体提供必要的能量和营养，支持身体的正常运作和精力的修复。现在工作忙、生活节奏快，很多人没时间好好享受一日三餐，只用最快速的方式解决生理性的饱腹需求。长此以往，不良的饮食习惯会影响我们的精力和健康。

食物对于身体，就像燃料，吃什么，怎么吃，都会影响身体的状况。好好吃饭，健康的一日三餐，能够带来很多好处，比如保持苗条的身材、促进健康、提升精力。

我们可以观察记录自己的饮食习惯，不仅仅是每一餐吃了什么，还要看营养摄入是否足够。在《中国居民膳食指南（2022）》中对各种食物和营养的摄入给出了参考意见，建议每天摄入 12 种以上的食物，每周摄入 25 种以上的食物，还对水、谷物、蔬果、肉食、奶制品和坚果以及油盐等的摄入量提供了建议。

记录一段时间后，你就能够看出自己的饮食习惯、营养摄入情况等，然后再根据自己的实际情况进行调整，均衡饮食。我在记录饮食情况后发现自己吃肉很难消化，容易胀肚，但吃素食就不会出现这种情况，所以我从无肉不欢，改为吃素，已经坚持了很长时间。现在我也会避免吃过于刺激的食物，比如高糖高油的食物是不会出现在我的餐桌上的。

**第四件事，冥想**。我们每天的生活中充斥着大量的信息，多种多样的媒介，各种感官刺激，让我们生怕错过信息，生怕跟不上时代。然而我们让未经检验的信息把大脑当作跑马场，消耗的却是自己的精力。冥想是一种清空大脑杂念，把注意力拉回来的方法，能够帮助我们恢复精力，滋养精神。比尔·盖茨曾表达过：冥想是一个非常好的工具，可以提高我的专注力，帮助我从各种繁杂想法、思绪中抽离出来，删繁就简。

研究发现，进入冥想状态，大脑会平静下来，出现规律的脑电波，转入 α 波状态，意识会开始倾听右脑的声音，灵感会源源不断地涌现。经过训练之后，我们随时可以开始冥想，早起冥想、通勤路上冥想、行走冥想、静坐冥想、精神紧张了冥想清空大脑、累了冥想放松、睡前冥想……只需要很短的时间，就能让人松弛下来，进入安静的状态，就像给大脑充电，恢复精力。

有的人觉得冥想就是什么都不想，其实冥想并不是什么都不想，而是把思考引向那些产生价值的正向思维，专注在呼吸或身体上，专注于当下。

**第五件事，目标明确，迅速行动**。我以前是一个特别纠结、内耗的人，做什么事情都犹豫不决，左思右想。成为生命导师之后，很多人都和我说自己的内耗和纠结，这种现象似乎非常普遍。我们现在的生活物质过剩，面对的选择非常多，这在某种程度上对于精力也是极大的损耗，因为每一个选择都需要耗费精力。

反思过去的行为模式，我发现根本原因在于不知道自己想要什么。我曾经和朋友出门逛商场，逛了两小时，都不知道要买什么，朋友说再也不会陪我逛街了。这种纠结和内耗，浪费时间不说，还会极大地耗费精力，心里总挂着想做的事情，却又下不了决心，还有可能错过时机。有一个课程价格比较高，我左思右想，都无法下定决心。那段时间，做其他事情时心里也一直想着要不要报名上课。后来伙伴说：相信我就直接报名，如果后悔了你来找我。我一狠心把课程费用转给了老师，当时就心安了，第二天工作非常专心。

纠结和内耗，是我们都不想要的，但似乎又无法控制。所以我们要制作梦想板，找到自己的梦想，知道自己想要什么，制订行动计划，明确自己要做什么。把这些设定为自己的行动原则，列在行动清单中，再一次面对选择的时候，直接按照清单中的行动原则来执行就好了。

在日常生活中，时刻留意自己想要什么，也可以看到自己的"不要"，反向找出自己的"要"。具体到如何做选择，我的原则是小事靠脑，大事靠心。靠脑是理性选择，拿一张纸，列出每个选择的利弊，选择其中的最优解，或者使用已有的解决方案，快速解决小事情。靠心是说在面对重大选择的时候，听从内心的直觉和感受，比如和谁结婚，在哪里买房子，做什么人生选择。面对一个重大选择，内心最清楚自己要什么，哪怕周围的人都告诉你一个选择是好的选择，但如果你的内心是抗拒的，这个选择也不是好的选择。因为即使选择了，你也会陷入纠结和内耗，结果并不一定如最初的预期。而你的内心知道自己要什么，也会主动去寻求答案。所以面对重大选择时，先用心选择，再用脑思考，是更好的策略。

你的选择，是不是和梦想相关的，是不是从长期价值出发的，也非常重要。我的梦想是成为生命导师，很多人问我：你自己创业开公司，为什么要学习成为一名生命导师，不是应该学管理吗？我是从自己的梦想出发的，我想影响他人，激发他人的生命能量，这是我长期要做的事情，所以我做出这个选择。

我经常说：错的也是对的，因为通过错的，才能知道什么是对的。做事情也一样，不需要等到想清楚了才去做，因为很难想清楚，既然如此，不如先做，得到反馈，再继续下一个动作。如果一直想，那么所有事情都停留在大脑中，只有去做了，才知道什么是对的。

没有完美的选择，也没有错的选择，因为错的也是对的。有的选择当下看起来没那么好，但是从一生的维度来看，就是最好的选择。就像我当年没有上高中，看起来是一个错误的选择。但换个角度来看，正是因为当年没有好好读书，现在我才这么努力学习。所以不要浪费时间做选择，快速选择，没有对与错，错的也是对的，通过错的，才知道怎样做是对的。

解决纠结和内耗的另一个方法是固定时间做固定的事情。习惯，其实是一种人体生物钟，指导着我们的行为，到了某个时间或进入某个场景，我们就会下意识地去做某件事。固定时间做固定的事情，提前把重要的事情都安排好，到了时间就马上行动，不用纠结，没有内耗。

这个策略被我用在很多事情上，直播就是早上 8 点 20 分，跑步就是早上 6 点，上班就是上午 9 点，睡觉就是晚上 22 点 30 分。固定时间做固定的事情，养成习惯之后，可以避免无谓的思考和拖延，直接去做就行了。不需要再想一下今天要做什么，等一下几点要做什么。

我有一套早起清单，早上起床之后有清晰的安排：

5:20 起床，洗脸刷牙。

5:30-6:00 运动。

6:00-6:30 冥想。

6:30-6:50 换衣服，吃早餐。

6:50-7:10 送女儿上学。

7:40 抵达公司，化妆，听课。
8:20–8:50 直播。
8:50 准备开始工作。

---

这个时间轴，我已经坚持了很长一段时间，到时间就自动开始，无须思考自己要做什么，非常高效。

**第六件事，高质量陪伴。**很多人在家庭中，也会感觉特别消耗精力。高内耗的家庭，夫妻之间、亲子之间不停地博弈，互相消耗，没完没了地吵架。而低内耗的家庭，是一座港湾，为家人营造舒适的环境和舒心的氛围，让家庭里的每个人都能补充更多的能量。花时间高质量地陪伴家人，和家人一起努力，把家打造成一个滋养你的地方，一个给你充电的地方。

有人说，工作中的事情已经够烦了，哪有那么多时间陪家人？换个角度来想，如果你的家庭是高内耗的，每天回到家都会继续消耗你的精力，是不是也会影响工作呢？如果家庭是和谐的，在家的时间都是轻松愉悦的，能够得到情感上的支持和满足，是不是更有动力去拼事业呢？家是温暖的港湾，家人之间亲密陪伴，相互滋养，每天都可以回家充电，第二天充满能量地去赚钱。

有哪些方法可以高质量地陪伴家人呢？我有一些心得，分享给你。

- 提供无条件的爱和接纳，让对方感到安全和被接受，这是高质量陪伴的核心；
- 随时表达对对方的爱和感恩，这不仅能让对方感到快乐，也能提升自己的幸福感；
- 在陪伴中，给予对方充分的倾听和支持，提供积极的反馈和鼓励，建立情感共鸣，彼此尊重和理解；
- 多组织家庭会议，家人之间深入对话，分享彼此的想法、感受和经历，增强相互之间的情感联结；
- 和家人参与共同的活动或培养相同的兴趣爱好，比如一起运动、旅行、看电影或做手工艺，这些活动可以带来乐趣和团队协作的满足感。

**第七件事，经营好"情感账户"**。人和人之间的关系，就像一个银行储蓄账户，每个人和你都有一个"情感账户"，你们之间的每一次良性互动，都是在"情感账户"里存了一笔钱，每一次矛盾冲突，都是从"情感账户"里取钱。

在人际关系中，有一个永远不变的道理：想要别人怎样对待你，首先你要怎样对待别人。需要他人帮助你，先要主动帮助他人；需要他人理解支持你，先要理解支持他人；需要他人尊重你，先要尊重他人。这就是我们从小就知道的道理：己所不欲，勿施于人。但我们常常会在忙碌和长久的相处中忘记向"情感账户"存钱，尤其是在长期的亲密关系上，因为日日接触，"情感账户"变动频繁，日常的摩擦越多，对"情感账户"得提取得越多，有时候到了透支的程度，我们才发现彼此的关系出了问题。

所以日常我们需要多做积极行为，往"情感账户"里存钱，比如积极沟通、认真倾听、尊重他人的观点和选择、理解他人的情感和立场、支持和帮助他人、与他人分享快乐也共同承担挑战、给予对方正面反馈、犯错时及时道歉、偶尔制造小惊喜等。

**第八件事，情绪管理。**你此时此刻的情绪是怎样的呢？如果用一个词来形容，你会用哪个词？消极的还是积极的？情绪，随时都在影响着我们，有时候就像"看不见的手"掌控着我们的生活。消极的情绪，是对精力的消耗，但也是一种提醒，提醒我们注意情绪背后的问题。

精力管理包括身体和精神两个方面，彼此相互影响，而情绪在两者之间发挥着重要的作用。身体健康且情绪积极，那么精力会提升，效率会提高，做事出成果，情绪更加愉悦，心情舒畅，做什么事情都感觉很顺利，精力能量也会提升。这是一个正向循环，身体健康、情绪积极、精力充沛。

情绪管理最重要的一点，我认为是建立正向思维，不管发生什么事情，永远记住一句话：一切的发生，都是有助于我成长的。记住这句话，你可以在任何一件事情上找到积极的一面。比如破财，老人家常常会说破财消灾，认为如果没有失去这笔钱，可能会有更大的灾祸或不幸。这是一种正向思维，是对未来的一种积极期待。如果一直因为失去的金钱而难过痛苦，那负面情绪的影响比失去的金钱更为严重。

还有丢东西，从积极的一面来想，我们和它的缘分到了，它去找下一个有缘人了。正所谓：塞翁失马，焉知非福，因果在不断产生，我们并不知道接下来会发生什么，那么以一种积极的态度和期待去面对接下来发生的事情，不是更好吗？生活中所发生的种种，关键在于如何解读它，所有人都认可的好事情，也会有不好的一面，所有人都觉得不好的事情，也可能会产生好的结果。关键在于你如何解读，以及如何面对。

在日常生活中，我们也需要训练自己启动积极情绪的能力，比如写"小确幸"清单，记录每天发生的好事情；多行善事，不一定要做很大的事情，给他人一个赞美，向他人表达感激，主动帮助他人等都可以；每天完成一个靠近梦想的小目标，看见自己一步步走向目标；积极主动和人交流，建立积极的人际链接。这些小小的行动，可以让你在情绪低落的时候振奋起来，恢复能量。

**第九件事，做自己喜欢的事。** 做自己喜欢的事情，你是不是会感觉到能量满满？没错，这就是能量提升的感觉，这时候我们会感觉更加快乐和满足，这种积极的情绪能够激发内在动力。

很多人不理解我为什么练习瑜伽、冥想，学习各种各样的课程，花了很多钱，还费时费力。因为这是我喜欢做的事，我花了很长的时间，才找到自己喜欢做的事情。我曾经怀疑自己存在的意义，经历过一些至暗时刻。现在大家看到我每天笑呵呵的，把自己的时间排得满满的，好像有用不完的精力。实际上有一段时间，我十分低迷，不知道自己要什么，每天浑浑噩噩。一个人发生彻底的改变，一定是经历过低谷，才有了谷底反弹的决心和动力。当我找到自己的梦想，找到自己喜欢的事情并全情投入时，我仿佛拥有了无穷的动力和精力，根本感觉不到累，只想一往无前。

花时间去探索你的兴趣和激情，多尝试，找到能让自己兴奋和快乐的事情，然后坚持去做，享受做的过程，而不仅仅是得到结果，从这个过程中获得更多的满足感和能量。

**第十件事，打造黄金能量圈。**黄金能量圈是一个由能够相互滋养和支持的人组成的圈子。在这个圈子里，相互滋养，彼此给予和收获正能量，这种能量能够帮助我们克服困难，提升精力。

人需要滋养，就像植物需要养分一样。有一句话是这样说的：被人以正能量滋养，是难得的幸运；以好情绪滋养他人，是顶级的修养。这句话对我是一种激励，感受到他人的滋养，我也希望滋养他人，于是立志成为生命导师。

打造黄金能量圈，要积极选择那些能够给予我们正能量的人作为朋友和伙伴，减少与那些消极的、消耗我们精力的人接触。和伙伴们在圈子里相互支持，相互滋养，共同成长。最好还能定期聚会，分享经验，相互激励，保持正向能量的流动。

在一天中，我们的精力是有波动的，有的时候你会觉得精力充沛，有的时候你会觉得非常疲惫，这种波动是非常正常的。我们要做的是观察并了解自己的精力波动周期，在精力高峰时，完成重要的、需要深度思考的、需要创造性的事情；在精力低谷时，及时休息补充能量；在两者之间时，选择性地完成那些无须耗费太多精力又不得不做的事情。例如，早晨刚开始工作时精力最旺盛，而到了一天结束时，注意力可能会下降。因此，好好利用早晨的高效时间来处理复杂的问题，而在下班后，可以进行一些轻松的活动，如给家人朋友打电话。

根据精力波动周期，策略性地安排自己要做的事情。精力不足的时候，不做复杂事务。比如我通常在饭后感到精力不足，但又不愿意浪费这段时间，所以利用这段时间学习10分钟英语。也要避免在精力旺盛时处理琐碎事务，因为这会消耗你的精力，需要处理重要事务时可能会力不从心。

通过训练，精力可以被提升。比如跑步，从来不跑步的人跑五公里会很吃力，但训练一段时间之后，跑五公里会变得很轻松。为了保持良好的状态，我们需要经常挑战自己,一旦突破了那个极点,精力就会越来越好。

记住,精力管理是一个持续的过程,需要我们不断地自我反思、调整和优化。

> 本章行动:
> ·写出消耗精力但不产生价值的事情。
> ·列出提升你的能量的事情。

# 第七章
## 无痛早起

一日之计在于晨，能控制自己的早晨，方能控制自己的人生。我是早起的忠实拥趸，早起之后，能够拥有一天中最为宝贵和宁静的晨间时光，它不仅是一天的全新开始，也可以被用来全神贯注地追求梦想、达成目标。然而，许多人在夜幕降临时才匆忙开始他们的工作，错过了清晨的宁静和效率。如果能早起，能培养早起的习惯，人生将彻底改变。

早起的道理和好处，每个人都听了很多，但依然有很多人不能早起。除了那些天生的夜型人，绝大部分人都可以成为晨型人，都可以早起。早起是一种习惯。那么是什么阻碍了早起呢？

每天起床的那一刻，你的念头是什么呢？是痛苦还是兴奋，是沮丧还是期待呢？是想到又要去上班，KPI太难完成了，还要送孩子上学、陪他写作业，完全不想起床，还是想到接下来的一天能量满满，这一天又可以做很多事情，向梦想前行呢？

如果你对即将到来的这一天非常期待，排满了一整天的行程，摩拳擦掌想要大干一场，那么早上一睁开眼睛就会迫不及待地开始行动。但如果想到即将面对的一天是糟糕的一天，很多事情都不是自己想做的，还要面临各种压力，起床时就会打退堂鼓，多睡一会儿，晚一点儿来面对生活。

起床的第一个念头，往往会影响一整天的状态。一起床就感觉到痛苦，一天都是痛苦的，都在抱怨、恐惧中。长此以往，起床就会变成一件消极的事情，每天都要和自己斗争一番才能起得来。如果能够把起床的念头转变为积极的，每天都有自己期待的事情去做，醒来就开始期待这美好的一天，整个人都会充满能量，也更容易培养早起的习惯。

明天早上感知一下自己起床的第一个念头，看看是消极的还是积极的。一定要将自己早晨的情绪调节到兴奋、期待、激动、感恩的状态，这能让一个人更好地去面对生活，对生活做出优化和改善。

## 早起，成功人士的选择

很多名人都公开表示自己喜欢早起，早起是一种生活方式，经由早起可引发一连串的良性效应，控制自己的人生，获得成功。

- 曾国藩曾说："做人，从早起起。"他也是这么做的。他坚持早起，用功过格来反思自己的行为，他相信早起是修身养性、积累知识和智慧的重要时刻。
- 科比·布莱恩特，以其"凌晨四点的洛杉矶"闻名。他早起训练，不断提升自己的技能，成为NBA历史上最伟大的球员之一。
- 村上春树早在成名之前，就每天早晨4点30分开始写小说，晚上9点多睡觉。他凌晨4点左右起床，不用闹钟，因为生物钟自带闹铃属性，到点了就从床上弹起，至今已坚持了30多年。
- 富兰克林坚守一个非常严格的日程表，每天早上5点起床，计划今天要做的事，把时间分配给工作、吃饭、做家务等不同的活动。他晚上10点上床睡觉，睡前花一些时间来反思一天做了些什么。
- 李嘉诚，不论几点睡觉，都在清晨5点59分闹铃响后起床，读新闻，打一个半小时高尔夫，然后去办公室开始工作。
- 王健林每天清晨4点起床，4:15—5:00健身。他每天一定要留 1 小时进行锻炼，风雨无阻，即使出国也不落空。
- 苹果公司首席执行官蒂姆·库克也以早起出名，苹果公司的员工会在 4 点 30 收到来自库克的邮件，每日如此。而且库克还会在 5 点准时出现在健身房。

……

早起、反思和阅读，成功人士的三个习惯相辅相成。他们通过早起，有效地管理时间，确保了每一天都能以最高的效率开始，反思和阅读为他们的成功提供了养分。

早起，不仅仅是为了每天多出几小时的时间，而是为了在这几小时中做出有意义的行动，这些行动可帮助我们以更快的速度靠近梦想。所以为什么要早起？是因为我们要改变，要成长，要去追求自己的梦想，早起能够帮助我们加速这个过程。

### 早起的收获

**收获一：拥有更多的时间。** 我每天大约 5 点至 5 点 30 分起床，比之前提早两小时。一年下来，多出 730 小时，也就是 30 天。我可以用这些时间做很多有意义的事情，比如学习、阅读、冥想、运动、计划、反思等。

**收获二：拥有一段安静的独处时间。** 现在能拥有一段属于自己的独处时间，和自己的内心待一会儿，是一件很奢侈的事情。但是早起能够为我们创造一段安静的独处时间。这段时间没有人打扰，可以做自己喜欢做的事情，可以和自己相处一会儿，这能够让我们关爱自己，帮助自己恢复能量。我通常会用这段时间来提升自我，运动、阅读、上课、学习新技能，这会让我成长，并且一早就有满满的成就感。

**收获三：拥有更从容的生活状态。**早晨的第一小时对一天的状态有着决定性的影响。许多人早上起床后，就开始一天的"战斗"，特别是有孩子的人，给一家人准备早餐、给孩子穿衣、送他上学，紧接着自己通勤上班，匆匆忙忙地赶到公司，打开电脑开始一天的工作，无数消息扑面而来，忙碌一天之后，回到家还要照顾孩子，陪他做作业，安排第二天的事情。一整天似乎没有一刻喘息。

早起，意味着你能早一点儿开始一天的生活，早一点儿准备早餐，一家人边吃早餐还能边聊聊天；早一点儿送孩子到学校，孩子也不用担心迟到；早一点儿到公司，不用担心通勤路上堵车，也能从容地做好开工准备；处理好工作事务，到时间下班，回家后全心陪伴孩子和家人。如果你早上起来能够从容不迫地开始一天的工作，那么一整天都会变得从容。

**收获四：每天醒来活力四射，为梦想而奋斗。**早起，是一天的新开始，本身也是一个非常积极的自我暗示：今天早起，我能完成更多的事情，有时间去做重要的有价值的事情，我可以为梦想而奋斗。这一天你会更积极、更有斗志，完成更多事情，达成更多目标，收获更多赞扬，拥有更强烈的信心和自豪感。

**收获五：拥有更健康的身体**。早起，需要早睡，早睡早起形成习惯之后，生物钟随之调整，养成规律的作息，这会让你有更多的精力去度过新的一天。再加上在早起之后进行运动，精力和体能都能有非常大的提升。早起也能让人有充裕的时间准备和享受一顿营养均衡的美味早餐，给身体补充能量。

**收获六：拥有积极的心态**。早起的积极状态，会让我们更有信心接受挑战。你会期待每天早一点儿起来，不会再消极地看待身边的事物，而是充满感恩，减少忧虑，积极应对挑战。

**收获七：改变拖延**。早上睁开眼睛，马上起床，没有丝毫犹豫，这样的早起会让我们获得更多掌控感。早起的行动力也会延伸到其他的方方面面，渐渐地做任何事情都不会再拖延，而是说做就做。

**收获八：提高生产力和专注力**。经过一夜的休息，大脑在清晨时最为清醒，思维敏捷，是进行复杂任务，如阅读写作、解决难题的最佳时机。利用这个时间段，去做需要专注力、创造力、生产力的事情，可以更高效地完成任务，提高工作和学习的产出。

**收获九：增强赚钱的能力**。你每天早上起来时状态好，早早来到公司，提前把工作上的事情计划好、安排好，每天的工作日程非常清晰，财富自然也就能得到增长。虽然我们没有直接找客户，但状态好就有动力赚钱。如果状态不好，被客户拒绝，就会抱怨。状态好坏会影响你的赚钱能力。

## 早起的方法

你可能会说：我也想早起，但这对我来说就是一场艰难的挑战。那么我用我 2000 多天早起的经验，总结 5 个方法，帮助你主动早起。

**第一，找到志同道合的早起伙伴**。一个人容易犯懒，但跟着一群人早起就不好意思犯懒了。所以如果想早起，可以找一群想早起的人，在一个社群里相互带动，相互影响。能量不足的时候，到社群里看一看，靠近高能的伙伴，就能继续和同频的伙伴一起前行，这会让坚持早起变得简单一点儿。

**第二，把感兴趣的书读一半**。晚上阅读的时候，选择一本感兴趣的书，只读一半，第二天一早起来，你会迫不及待地继续阅读。这个方法我用了很多次，原理其实也非常简单，就是我们心中追求完成的心态。事情做一半，心里总想着把它做完。而这本书又是你非常感兴趣的，于是期待早早将它读完。

阅读时，可以根据精力状态选择难易程度不同的书籍，让阅读过程既充实又愉快。

**第三，睡前进行积极的自我暗示。** 早晨醒来时脑海中的第一个想法，往往就是睡前的最后一个想法。学习催眠后，我运用其中的方法，在睡前进行积极的自我暗示，不管睡多久，第二天依然能量满满。

睡前设定一个自证预言，给自己暗示，第二天一早便会按照已知的自证预言来行事，最终让自证预言变成现实。每次睡前，我都告诉自己：明天一早起来，我能量满满，干劲十足。还可以想象第二天如何精力充沛地完成工作和生活事务，和家人朋友愉快地相处。

以前，我认为睡觉要睡 8 小时，没有睡够，就会很累，需要补觉。后来我发现睡多久其实没有太多影响，关键是睡眠质量是否足够高。没有睡够 8 小时，不一定会变得很疲惫，但只要有这样的认知，或者把这句话说出口，马上就觉得很疲惫。这也是一种自我暗示。

**第四，把闹钟放远一点儿。** 如果你设置了闹钟叫自己起床，尽量把闹钟放远一点儿，越远越好。这样一来，闹钟一响，你必须从床上爬起来才能把闹钟关上。当你离开被窝儿走动起来的时候，身体自然就醒过来了。

如果把闹钟放在床头，早上它一响，你手一伸就关掉了，翻个身继续睡觉，这会让你起床变得更加困难，半睡半醒的状态下都会抗拒起床。赖床形成习惯之后，潜意识会缺乏自律性。如果你和伴侣一起睡觉，或家人对闹钟比较敏感，那么可以使用智能手环等方式唤醒自己，避免影响到家人。

**第五，起床后喝一杯水。**我起床后必做的一件事就是喝满满一大杯水，有时候还会加上益生菌。为什么早起要喝水呢？因为身体在晚上会流失水分，起床的时候血液处于黏稠状态，所以大部分人起床后处于缺水状态，喝一杯水能快速补充水分，唤醒身体。

# 早起行动清单

制定一个早晨的例行清单，包括一系列简单而具体的任务，如感恩冥想、诵读自我肯定宣言、运动、阅读和冥想。这些活动不仅能够让我们清醒，还能够为接下来的一天设定积极的基调。

**第一，打卡。**如果你加入了早起社群，或希望建立习惯，那么在早起的那一刻，就可以拿起手机打卡，发到社群或朋友圈。

打卡，首先可以帮助我们建立早起的习惯，每一次打卡都是一次完成和确认，也是一次小小的成就。其次，它是一种展示和吸引，向外展示你是一个早起的人，完成了早起的动作，吸引那些和你一样早起的人。

**第二，冥想。**冥想的目的是集中精神、放松心灵，最终达到对自我意识更清晰的掌控和内心深处的平静。早晨冥想能够为新的一天做好精神上的准备。而且早晨冥想是最好的时间段，首先是大脑更放松更平静，其次是没有外界的声音打扰。起床后，我会在不同的地方进行两段冥想，一段短时间的感恩冥想，和一段长时间的预演冥想。

感恩冥想，是在起床后，到我专门做冥想的地方，坐好闭上眼睛，想象自己生命中的种种好事，表达对人、事、物的感恩之心，这会让我感受到被滋养，心态和情绪都会变得更积极。

预演冥想，是在上班之前，找一个安静的地方，观想自己的梦想并预演完美的一天，想象这一天要做些什么，会发生些什么，遇见哪些人，我们会聊些什么……想象美好的一天，能够唤醒我内在的能量，让我对接下来的这一天充满期待。

**第三，诵读自我肯定宣言。**早上，我会在洗脸刷牙之后，诵读自己的自我肯定宣言。每天诵读，温故如新，每天自我肯定，帮助自己建立更坚定的信念，并且行动也会积极主动地向它靠近。

**第四，运动。**早上运动，哪怕只有几分钟，也足以激发身体的能量，让人精神焕发。我选择的晨间运动是跑步和大拜。以前跑步时，我会在前一晚，把运动服放在床头，起床后直接穿好衣服,换鞋出门,先跑上一圈。现在做大拜,也是提前准备好衣服和大拜垫,起床后打卡、洗漱、诵读自我肯定宣言之后,便会开始大拜。

起床后的一段时间,大脑还是有些不清醒,阅读或冥想都可能会再次睡着,运动能够很好地激活身体和精神。如果你不喜欢剧烈的运动,也可以散步、快走,选择你喜欢的运动,动起来,就会有收获。

**第五,阅读**。运动后回到家,就可以坐在书桌前阅读了。因为大脑已经清醒了,阅读的效果比刚起床时会好很多。经过一夜的休息以及运动的激活,大脑已经被放空,正是用知识填满它的时机。此时的注意力也会更集中,创造力更加活跃。

**第六,处理有难度的事**。早晨往往是一个人精力最旺盛的时候。我通常会利用这个时间段来完成一天中最重要的事情,比如安排一整天的工作,分配任务给我的团队成员等,因为我早上的思维非常敏捷,适合进行深度思考和规划安排。如果还有时间,我会完成语写,在语写中整理思绪并规划一天的安排。

不过,也不要在早晨给自己施加太多压力。如果觉得早起有困难,可以尝试进行一些轻松的活动,比如慢跑一两公里或者外出散步,这些活动有助于唤醒身体,而不会给自己带来太大压力。压力过大也可能会让人难以早起。

通过逐步适应并享受早晨的时光，我们可以更有效地利用这个精力充沛的时段，为接下来的一整天打下良好的基础。

改变往往始于简单的一步：早起。养成早起的习惯，能够带来额外的时间，让我们有机会专注于个人成长，而不是把时间浪费在对生活无益的抱怨上。当一个人体验到早起带来的积极变化时，比如清晨的宁静、清晰的思考，以及额外的时间来规划和执行计划，他自然会获得继续前进的动力。尤其是对于那些经常感到焦虑或情绪低落的人来说，早起配合早睡，可以成为改善整体生活状态的一个有效手段。这有助于建立稳定的生物钟，促进更好的睡眠质量，从而提高情绪和能量水平。

早起的习惯需要早睡来配合。如果凌晨 2 点才睡觉，却试图在早上 5 点起床，这显然是不可持续的，也不利于身体健康。在习惯养成的初期，可能会在白天感到困倦，这是正常的适应过程。重要的是不要因为一时的困倦就放弃早起的努力。随着时间的推移，由于早起，晚上会更早感到困意，自然而然地想要早睡，早睡早起就形成了正向循环。

关于周末是否应该早起，有些人可能会认为，既然已经连续 5 天早起了，周末就应该放松一下，睡个懒觉。习惯有持续性，工作日早起，周末晚起，会把好不容易建立的早起习惯打破，再度建立习惯需要花费更大的力气。因此，即使在周末，也应该保持早起的习惯，这并不是说要剥夺自己的休息时间，而是保持习惯的连续性，避免不必要的波动。

现在比任何时候都重要，因为今天的行动将决定明天的人生方向和生活品质。无法早起，很大原因在于没有明确的目标和计划，不知道早起后要做什么，结果又躺回到床上。

动机是开始早起的关键，而习惯则是坚持早起的保障。正如我们前面提到的那些成功人士，如曾国藩、科比·布莱恩特、本杰明·富兰克林等，他们之所以能够早起，是因为他们有明确的目标和坚定的决心。

改变习惯需要时间和努力，但每一步小小的努力都将带来长远的回报。从明天开始，设定你的闹钟，比平时早起 15 分钟，逐渐增加这个时间，直到达到你的早起目标。运用早起所获得的更多时间，让自己变得更好。

---

本章行动：
- 写下你的早起行动清单。
- 按照早起行动清单，早起一周。

# 第八章
改变拖延

你有没有在截止日期前夜，对着电脑上未完成的任务感到焦虑？面对艰巨任务的时候，你有没有对自己说"明天再做"？这不是你一个人的问题，实际上，拖延已经成为一个非常普遍的现象。

忙碌的生活，常常让人不自觉地陷入一个无形的行动旋涡——拖延。它像一个隐形的敌人，悄无声息地侵蚀着我们的时间和意志，消耗着我们的精力和热情。

## 战胜拖延，夺回主动权

拖延时，你有怎样的感受？回想一下，你有没有过这种情况：当你坐在办公桌前，面对着一堆需要完成的工作时，心里却莫名地抗拒，迟迟无法开始行动。你感到焦虑、不安，甚至有些恐慌。你知道要开始行动，但又不自觉地想要逃避，于是打开手机开始刷社交媒体、刷短视频，或是转向其他不那么紧迫的任务，以此来暂时逃避那份沉重的压力。

我们已经写下了自己的梦想，正走在实现梦想的路上。一旦发生拖延，就会一次次推迟行动，那些本可以实现的梦想逐渐变得遥不可及。拖延会让人陷入一种"永远准备，从不行动"的状态，最终导致我们永远实现不了梦想。

拖延是对时间的极大浪费。我有时候会把这件事说得非常严重："浪费自己的时间等于慢性自杀，浪费他人的时间等于谋财害命。"因为时间就是每个人的生命，不仅要珍惜自己的生命，也要珍惜他人的生命，减少拖延，就是在增加自己和他人的生命。想想看，如果把那些被拖延浪费的时间，用来学习新技能、陪伴家人、锻炼身体或追求个人兴趣，我们可以成长得更快，拥有更多的宝贵时刻。

战胜拖延，是在夺回人生主动权。拖延会让人失去控制，感觉被一种看不见的力量牵引，无法开始行动。如果我们想要掌控自己的人生，就必须克服这种被动的状态。

拖延往往与个人的精神状态有关。当一个人处于低能量、低精力的状态时，他的生命活力显得不足，直接影响行动力。我们可以通过自我觉察来识别这种状态，比如在拖延时，常常感到不愿工作、情绪低落、状态不佳，缺乏行动力。

拖延的影响不容小觑，它会导致内疚、自责和纠结等负面情绪，长期积累这些情绪会损害身心健康。有时候拖延会让人产生事情被解决的错觉，实际上拖延只会让问题陷入一团乱麻，变得更加复杂，更难解决。当事情越来越多时，拖延带来的压力也会越来越大，影响工作效率和人际关系。比如，工作拖着不做，可能会受到上司的批评，生活中的事情不处理，伴侣会不满，甚至导致家庭关系的紧张，引发一系列的问题。

此外，拖延还会导致个人的自信心下降，产生越来越多的自我怀疑，认为自己无法完成任务。当一个人每天都被负面情绪包围时，他的能量水平会越来越低，身体健康状况也会逐渐变差，这无异于一种"慢性自杀"。

拖延是一个需要我们正视并积极应对的问题。我们可以通过找到拖延的原因，寻找针对性的解决办法，提升能量水平，增强行动力，逐步克服拖延，重新获得对生活的控制。

## 拖延的底层原因

拖延，并非无缘无故。每一次拖延的背后一定隐藏着一个或多个原因。了解这些成因对于战胜拖延至关重要。下面是我总结的一系列拖延的原因，看看哪些是导致你拖延的原因。

**第一，任务难度感知和自我效能感。**拖延往往与一个人对任务的难度感知有关。当他认为任务过于困难或复杂，或者目标过于宏大时，就会产生畏惧感，从而选择逃避。这种逃避行为的背后，是对自我效能感的怀疑——即对自己完成特定任务能力的怀疑。低自我效能感会导致在面对挑战时缺乏信心，进而选择拖延。

**第二，恐惧与焦虑。**一个人可能会因为害怕失败、害怕他人的评价、害怕未知的结果而选择逃避，选择拖延。这种逃避行为虽然可以暂时缓解焦虑，但从长期来看，它只会加剧问题，导致更多的焦虑和压力。比如销售人员害怕被客户拒绝，每次拜访客户时都会感觉到焦虑，越害怕越影响发挥，最后选择不去见客户。事实上他害怕的事情可能都只是想象，并非真正的现实。

**第三，缺乏内在动机。**内在动机是指一个人为了满足自身需要而进行某种活动的愿望。缺乏内在动机时，他可能会对任务不感兴趣，不认可或者觉得不重要，不愿意投入时间和精力。这种内在动机的缺失，会导致他在面对任务时缺乏积极性，从而选择拖延。

**第四，缺乏时间管理。**当一项任务需要比较长的时间或大块时间时，很多人不知道如何规划和分配完成任务的时间，面对截止日期感到不知所措。这种时间管理上的失误，会让人在最后一刻匆忙完成任务，或者选择推迟任务以逃避压力。

**第五，完美主义倾向**。完美主义者往往对自己有着极高的标准和期望。他们害怕犯错，害怕达不到心中完美的标准，这种恐惧感导致他们不断推迟行动，逃避可能的失败和不完美。但是，我们不可能一次就做到完美，只能在行动中不断接近完美。

**第六，任务简单无趣**。人们往往更倾向于做那些他们认为有趣或有价值感的任务。当任务本身缺乏吸引力，或者与个人的兴趣和价值观不符时，人们可能会感到无聊或不感兴趣，从而选择拖延。这种对任务的无趣感，会削弱人们的内在动机，导致拖延行为。

**第七，选择疲劳**。我们在做了很多个选择之后，决策能力会下降。很多时候我们说晚上不能做选择，原因就是白天已经做了很多选择，晚上出现了选择疲劳，容易做出错误决策。如果在短时间内做了很多选择，可能会感觉到疲惫，影响决策能力，导致面对重要任务或决策时出现拖延。

**第八，注意力分散**。现在我们的生活环境中有各种各样的干扰和诱惑，会分散人的注意力，使人难以集中精力完成任务。此外，缺乏一个明确的目标和计划，会使人更容易受到环境因素的影响，导致拖延。

拖延的原因是多方面的，有时候会出现多种原因的叠加。了解这些原因，对于我们战胜拖延非常有帮助，只有认识到原因才能有针对性地采取措施，改善自己的行为模式，从而克服拖延。

## 改变拖延 20 招

**第一招，觉察和自我意识**。真正的改变始于自我认知的觉醒。首要任务是认识到自己正陷入拖延的泥潭。只要觉察到自己在拖延，马上就要采取行动，阻断拖延这一行为。因此，我们需要保持敏感，及时觉察到自己的拖延行为，才能在问题出现的时候及时行动。

**第二招，微习惯：今天就做一点点，动起来**。微习惯是指那些小到几乎不可能失败的习惯。通过建立微习惯，可以逐渐克服拖延，培养积极的行为模式。当你想看书却一直拖延的时候，先把书打开，看一页；当你想运动，却从来不动的时候，先换上运动鞋，出门跑 5 分钟，或者做 5 个俯卧撑；当你想写作的时候，打开本子，写下第一个字。让自己动起来，你会发现一旦开始行动，就停不下来了。

**第三招，拆解目标，降低期待**。设定清晰、具体的目标可以帮助我们保持专注和动力。目标应该是可衡量的、可实现的，并且与我们的长期愿景和价值观一致。很多时候，拖延的原因在于目标不清晰或目标太大，要学会拆解目标、拆解动作，降低期待。

我曾经独自一人开车回老家，行程600多公里。出行之前，我非常焦虑，从来没有开过这么远的距离，还是一个人，出了事情怎么办，甚至我都想过不回去了。后来我把目标进行了拆解，在整条路线上找出了几个点，每个点相距大约100公里，附近有可休息的地方，还可以吃东西。出发后每到一个点我就休息一下，还会买点儿好吃的庆祝又完成了一段路程。最后开到家也没有觉得很累，很是开心。所有大目标都可以拆解为小目标，小目标可以轻松完成。

拆解目标也可以用在孩子身上。我有两个孩子，也经常会遇到他们做作业拖延的情况。我发现并不是他们不会做，而是他们觉得作业太多了、太难了。记作业本上密密麻麻地写着一堆任务，还没开始做，孩子就觉得肯定做不完，题目肯定很难。我帮他们把任务进行拆解之后，他们感觉作业压力小了很多，也并不是很难。

**第四招，先完成再完美：只要有想法，就行动，不要怕犯错。** 完美主义往往是拖延的根源。我们需要接受一个事实：完美是无法实现的，而且过分追求完美可能会阻碍行动。相反，我们应该专注于采取行动，即使结果不是完美的，也可以从中学到东西并不断改进。

所以想到就去做，在行动中寻找解决方案。哪怕错也是对的，因为只有通过做才知道哪里不对。我第一次做线上课时，很多细节都没有想好，把课程招生的信息发出去后，就有人来报名了。我一边招生，一边抓紧做课程内容，最终开课之前做好了准备。当然还是有不完善的地方，但只有做了，我才知道哪些地方需要改进。我觉得这是我能做成事的原因，先做了再说，在做的过程中调整，先完成再完美。

**第五招，有明确的目标和具体的行动计划**。许多人之所以难以采取行动，往往是因为缺乏明确的目标和具体的行动计划。例如，上司希望下属执行某项任务，而下属却迟迟未能行动，可能是因为他不清楚从哪里开始。在这种情况下，如果上司能提供明确的目标和具体的操作步骤，指出第一步、第二步、第三步应该做什么，下属就能够按照这些指示行动起来。

拖延有时是因为面对未知的难题，不愿意投入精力去思考解决方案，于是选择不采取行动，因为大多数人倾向于避免脑力劳动。提供模板或框架是一种有效的解决方法。比如在写方案时，如果有一个模板，对方就知道该如何着手。什么都没有，从零开始，自由发挥，他们可能会感到迷茫，不知道如何行动。

以把大象放进冰箱为例，如果明确第一步是打开冰箱门，第二步是把大象放进去，第三步是关上冰箱门，那么即使是看似荒谬的任务，也因为步骤明确而变得可行。因此，任何事情，如果能够提供清晰的第一步和第二步，他人就能够按照这些步骤去执行，从而克服拖延，采取必要的行动。

**第六招，加入圈子或找专业的人，帮助自己开始行动。**

我之所以能坚持早起，很重要的原因在于加入了早起圈子。当我看到其他人能早起时，我会对自己说我也能做到，受到他人行为的激励，自己也会积极去行动。在我的课程里也会设置同学分享环节，就是为了让大家熟悉我所建立的社群，在这个社群里获得支持，相互激励，齐头并进。

专业人士对于专业领域内的事情非常熟悉，能够帮我们拆解目标，规划行动步骤，并督促执行。而你只需要找到他，请他帮助你，放心地把事情交给他，跟着他的节奏来推进，最终就能获得成果。

在这个过程中，金钱也是一个重要的动力因素。请教专业人士或加入社群，通常都需要付费。当你投入了金钱时，你就会更有动力去实现结果，确保自己从中获得价值，因为你不想浪费这笔钱。我做很多事情都会第一时间想到请教专业人士，我深知自己有时也会有惰性，因此积极投资自己的学习，让专业人士和社群来督促我，又因为我非常看重金钱，我不想让金钱白白浪费，所以会更积极地行动。

现在有很多打卡营，如果你交了定金并且能够坚持打卡，那么达到一定要求后会退还定金；做不到，定金就会被收取。这种机制涉及金钱，很多人都能够坚持下来，说明金钱作为一种外部激励手段能够起到一定的作用。

比如筑梦商学院的践行营，每天早起 6:30 之前打卡，每天阅读运动打卡，一周一次的复盘会，一群人通过一个月的时间都可以养成好的习惯。

通过设置明确的步骤、寻求专业人士和社群的帮助，以及利用激励手段，可以有效地战胜拖延，提高行动力。这些方法同样适用于团队和组织管理，能提高整体的工作成效。

**第七招，调整环境，减少干扰**。环境对一个人的行为有很大的影响。创造一个有利于行动的环境，可以减少拖延。这可能意味着清理工作空间，或寻找一个有助于专注的环境。

现在手机中的内容十分丰富，无时无刻不在抢夺我们的注意力。如果要专注工作，最好把手机放得远一些，离开自己的视线。因为一旦打开手机，注意力就会被想尽办法抢占我们视线的 App 拉走。而注意力一旦被分散，就很难被再拉回来，手头的事情自然也就被拖延了。

**第八招，有始有终，是拒绝拖延的最好的方式**。我常说做事要有着有落，有始有终。做一件事，开始做得好的人很多，能够坚持到最后的人却寥寥无几。我们身边有很多有始无终的例子：看书只看前几页，跑步只跑三天，事情做一半就放弃了。一个人在工作中一旦养成了有始无终、半途而废的坏习惯，就永远不可能获得结果。很多事情失败并不是因为不努力，而是缺乏善始善终的精神。不管做什么，最忌讳的就是浅尝辄止。

**第九招，每天要完成几个小目标**。始终带着目标去行动是非常重要的。实际上,拖延往往源于我们对未来的方向和目标缺乏清晰的认识。当我们不清楚自己真正想要的是什么时,拖延就可能成为阻碍我们前进的障碍。

如果能够坚持每天完成几件小事,那么每天就能有收获满满的成就感。这些"小确幸"积累下来,不仅能够帮助我们克服拖延,还能让我们拥有自豪感和满足感。这种正面的反馈能够激励我们继续前进,逐步克服拖延的问题。每天完成一些小任务,可以帮我们逐步建立起自信和成就感,从而在面对更大的挑战时,也能够保持积极和高效。

**第十招,全力以赴做好每一件小事**。改变拖延,并不需要我们一开始就去处理那些重大的事务。相反,我们应该从小事做起,逐步培养不拖延的好习惯。

为什么小事情也要认真对待呢?这是因为我们的行为逐渐会形成习惯,而习惯最终会成为我们的第二天性。如果一个人在日常生活中对任何事情都持有拖延的态度,那么当他面临重大事务时,很可能会不自觉地延续这种拖延的行为。每一项任务,无论大小,都应全力以赴地去完成,这种态度会在处理重大事务时自然地延续下去。因此,不拖延小事情,实际上就是在培养一种积极的习惯,这种习惯会在面对更大的挑战时发挥重要作用。

**第十一招,放松大脑,提升能量**。在精疲力尽、心力交瘁的时候,往往也会发生拖延现象。在这种情况下,我们的心力不足以支撑我们去完成任务,于是推迟行动。就好像我们工作了一天,回到家只想休息,一根手指都不想动。为了改变这种状态,我们应该调整生活方式,每天都给大脑一些放松的时间,让身心都得到休息和放松,以恢复和保持能量。具体的行动包括保证充足的睡眠、定期进行体育活动、冥想等。

**第十二招,找到做事情的意义**。我们往往因为认为某件事情没有意义而不愿采取行动。然而,有些事情又不得不做,因此找出事情背后的意义就显得尤为重要。

比如说工作,并非所有人都对自己的工作充满热情,都知道自己工作的意义。当一个人不喜欢自己的工作,不知道工作的意义时,会对工作产生抗拒心理,拖延工作任务,甚至希望在家"躺平"。但我们都知道,工作对于大多数人来说都是必需的,首先,它是收入的来源,没有工作就没有收入;其次,工作是个人成长以及参与社会的重要途径。所以我们应该认真对待工作,找到工作的意义。带着意义去工作,我们面对工作时的态度就会发生转变,工作的效果也会大不相同,我们能够从工作中实现自我价值,促进自身的成长和发展。

找到做事情的意义,才能激发做事情的动力。改变拖延的习惯,不仅仅是为了更高效地做事,为了改变自己,更是为了家人、朋友、同事以及身边的人。当你不再拖延,改变了自己的习惯和处境,获得了成长时,也是在为社会做贡献。这是我改变拖延习惯所找到的意义。你也可以为自己找到改变的意义。即便是微小的事情，一旦为其赋予了意义，它也会变得不同凡响，也能激发我们的内在动力，让我们积极地投身于每一项工作和挑战之中。

**第十三招，每天复盘反思。**复盘反思能够帮助我们识别并改变拖延的问题。通过复盘，我们能够觉察自己的行为模式，意识到什么时候在什么事情上发生了拖延。如果不进行复盘，就可能陷入一种无意识的惯性状态，对自己的拖延行为浑然不觉。

复盘反思的过程让我们有机会跳出日常的自动化反应，主动审视自己的行为和决策。它使我们能够识别出导致拖延的原因，比如恐惧、不确定性或是缺乏动力。一旦意识到这些因素，我们就可以开始寻找解决这些问题的方法。复盘反思还能够帮助我们建立新的、更积极的习惯。通过持续地进行复盘和改进，我们可以逐步克服拖延，培养积极高效的行为模式。

**第十四招，让马上行动成为一种习惯。**要战胜拖延，关键在于培养马上行动的习惯。而要培养这个习惯，可以从早晨起床开始。当闹钟响起时，立即起身，不要犹豫。这种立即起床的行为，会在大脑中形成一种"马上行动"的思维模式。当你面临想要拖延的情况时，这种模式会让你自然而然地选择立即行动，这是至关重要的。

重复这些小的行动，实际上是在塑造新的习惯。习惯的力量是巨大的，一旦我们能够将拖延的习惯转变为马上行动的习惯,改变就会发生。

**第十五招,任何事提前 10 分钟。**有效的时间管理,也可以帮助我们克服拖延。每天的生活都是匆匆忙忙的,我们常常会感到焦虑和不安。所以我习惯提前 10 分钟,任何事情都提前一点儿,走在时间的前面。培养这种习惯,就不会存在拖延的现象了。

任何事情提前 10 分钟,重点在于不耽误他人的时间,这是对他人的时间资源的一种尊重。在佛学的观点中,守时和守信被视为重要的美德。如果一个人经常不守时或不守信用,这会在他的命运中造成一种无形的"漏洞",导致财富和机遇的流失。提前 10 分钟,既尊重自己的时间,也尊重他人的时间,同时可以避免无形中的损失,在人际关系中建立信任和尊重。

**第十六招,把事情跟快乐相结合。**面对那些让人感到痛苦或乏味的任务时,找到方法将其与快乐的事情相结合,可以帮助我们把事情做下去。比如孩子的学习,有些学科或活动枯燥无味,我们要想办法激发孩子的兴趣,让他们在学习中找到快乐,像游戏化学习、故事讲述,或者把学习内容与孩子的兴趣结合起来,这些都是很好的方法。我自己在做一些枯燥任务的时候,也会尽量为任务增加感兴趣的要素,如一边做家务一边听音乐或听课,这样做家务不仅不单调了,反而变成了一种享受,甚至是一种放松心情的方式。

无论是对孩子，还是对我们自己，对某件事情拖延不前，首先要找到背后的原因。是因为任务太难、不感兴趣，还是因为害怕失败，了解原因后，尝试将不喜欢的活动转变为感兴趣的形式，让任务变得有趣，就能减少拖延行为。

**第十七招，学会接受失败**。失败，必然会出现在我们成长和实现梦想的路上。也就是说，我们必须学会接受失败。有的人追求完美主义，是因为他们害怕面对失败，不愿意接受自己有失败的可能。然而，真正的进步和创新往往建立在失败的基础之上。只有经历失败，再进行总结和复盘，才能够获得经验和教训，最终实现梦想。

我们要拥抱失败、迎接失败，不要怕失败。写梦想板的时候，有人可能会因为害怕不能实现，不敢将梦想写下来。我从来不怕不能实现，也不怕写下来实现不了而丢人。我经常说，当你不要脸时，全世界都会给你脸。脸面不是逃避失败得来的，而是面对失败，还能继续接受挑战不断成长所赢得的。

在教育孩子时，也应该让他们认识到失败的价值。如果一个孩子一直被灌输"只能成功，不能失败"，那么一旦遭遇失败，他可能就会受到很大的打击。我们应该引导孩子从失败中学习，而不是永远追求第一名。

许多人在追求成功的过程中过于执着，一旦遭遇失败，很容易崩溃。我恰恰相反，是一个不怕失败的人，总是去尝试新事物,即使可能会失败。当你降低对成功的期待时,就会收获意想不到的惊喜。越是渴望成功,越有可能因为过度紧张而无法发挥出最佳状态。就像运动员在比赛时,如果只盯着冠军领奖台,会过度紧张,更可能导致失败。

我们应该学会放松,即使失败了,又能怎样呢?保持这样的心态,才能更轻松地面对每一项任务。失败之后,还可以通过复盘和反思,找到成功的道路。接受失败,以平和的心态面对挑战,才能更好地发挥潜能,实现目标。

**第十八招,充分利用碎片时间。**生活中的碎片时间很多,其中绝大部分都在不知不觉间贡献给了手机。把这些碎片时间加起来,总时长并不短,如果能在碎片时间安排一些事情,比如阅读、写作、听课,那么我们能完成很多事情。例如,书中的作业,可以在日常生活的零散时间里进行思考。走路、等车、等人,这些时间,都可以思考作业的答案,及时写下一些要点。有整块时间坐下来写作业的时候,就能够更快速地把想法转化为文字,从而完成作业。

我经常在走路时思考,无论是创作课程内容,还是规划项目,很多灵感都是在走路时收获的。我并不局限于坐在办公桌前才开始思考,在喝茶时,上洗手间时,这样的碎片时间都会用来思考。一旦有了一个想法或灵感,我会立即将它们记录下来,等到有完整的时间时,再将这些零散的想法整理成PPT或文档。

充分利用碎片时间，使我们能够在日常生活中的每一个小空隙里，不断地思考、规划和创造，从而在有限的时间内取得更多的成果。

**第十九招，写下来，运用 4D 原则安排执行。**有一种拖延源于内心的感受：总觉得自己有一大堆事情要处理。面对这种压力和混乱，有效的方法是静下心来，拿出一张纸，把脑海中的所有想法一一记录下来。写下来可以帮我们把抽象的焦虑具体化，思路会逐渐清晰，答案和解决方案也会随之浮现。接着，可以运用 4D 原则来进一步处理，评估每件事情，决定是立即行动、暂时搁置、交由他人完成，还是直接放弃。

我还会运用另一个方法——语写。每次遇到棘手的问题不知道如何处理时，我就会进行语写，把自己的想法都说出来，答案往往就在其中。关键在于，先让自己的心情平静下来，然后捕捉脑海中闪现的每一个关键词或想法，将它们记录下来，逐步梳理思绪，找到解决问题的线索。

**第二十招，从截止日期进行倒计时。**在缺少明确的截止日期时，任务往往会变得无限期延长。不管做什么事情，都要设定一个明确的截止时间。设定截止日期，就像是给大脑设定一个倒计时的闹钟。这个闹钟提醒我们，时间是有限的，必须在规定的时间内完成任务。这种倒计时的压力，可以激发行动力，让人们专注于要做的事情。

我们能够接受失败，但绝不能容忍自己从未开始。一个不完美的开始，尽管不尽如人意，却有可能带来良好的结果。不开始，没有任何行动，那么结果只能是空白。迈出第一步，就拥有50%成功的可能性，同时也面临着50%失败的风险。但如果选择不开始，那么一切都不会发生。

要克服拖延，我们要从那些看似微不足道的小事开始。改变并不总是需要从大事开始，它始于当前，始于现在。

任何问题，只要找到根源，就能找到解决办法。关键在于你的内心是否真正渴望改变。如果一个人不愿意改变自己，那么无论别人给出多少建议或指导，都是徒劳的。

因此，克服拖延，首先要确认自己改变的意愿，只有自己真正想改变，并且愿意采取行动，改变才有可能发生。从现在做起，从身边的小事做起，逐步积累，最终实现我们想要的改变。

**本章行动：**
- 你会在哪些场景下拖延，写下这些场景，并列出背后的原因。
- 写下你的"战拖"行动计划。

# 第九章
# 突破恐惧

## 第九章 突破恐惧

在每个人的一生中，都会遇到各种各样的恐惧：恐惧失败、恐惧批评、恐惧贫穷、恐惧衰老，甚至是恐惧死亡。这些恐惧如同无形的枷锁，束缚着一个人的心灵和脚步，使人无法前行。唯有突破恐惧，把内在所有的害怕去掉，才能所向披靡。

在我所处的销售领域，很多人害怕被客户拒绝，不敢和客户沟通，这导致他们的职业生涯停滞不前。如果他们能够克服这些恐惧，业绩表现可能会达到新的高度，甚至成为销售领域的佼佼者。我还有过这样一次经历：去某地徒步旅行，我站在山顶上，旁边是深谷。我向前倾身拍照，脚下的石头动了一下。我马上后退，回到安全区域。那一刻我意识到自己离死亡如此之近；只要再往前一点点，就有可能失去生命。我感觉到前所未有的恐惧，也意识到生命的脆弱。现在我依然有很多恐惧，但我学会了从恐惧中跳出来，从恐惧中学习，从恐惧中进步，也学会了勇敢面对恐惧，战胜它，成为一个无所畏惧的人。

## 六种恐惧

恐惧,并不是单一的,它带着许多面具,隐藏在我们的生活中,影响着我们的决策和行为。接下来我将分享每个人都会有的六种恐惧,以及如何克服这些恐惧。

**一、恐惧穷苦。**对贫穷的恐惧根植于对缺乏资源和安全感的担忧,一般来说有四种表现。

第一是不敢花钱,甚至有钱都不敢花。老一辈的人喜欢存钱,经常说:"我要靠自己存点儿钱,万一老了,没人管我了,怎么办?"于是不敢花钱,不敢享受生活,总是担心钱一旦花完就一无所有了。

第二是不敢冒险。我曾经觉得钱花完了就没有了,所以很多事情都不敢去做。我担心一旦进行了投资,钱就无法回来了。然而,那些非常厉害的投资者和创业者,会在评估收益和风险之后,大胆投资。他们不怕冒险,而是去控制风险、平衡风险,以获得更大的收益。

第三是嫉妒。有的人害怕贫穷,但又看不起有钱人,反而对有钱人产生嫉妒和仇恨,这种负面情绪会阻碍他自己积累财富。看到他人创造财富、获得财富,我们应该祝福他们,随喜他们的成功。这样,我们才能吸引更多的财富来到自己身边。

第四，恐惧贫穷还会导致拖延。我以前也很害怕没有钱，所以不敢花钱，也不敢冒险。我担心一旦冒险，辛辛苦苦赚的钱就没有了。这种恐惧使我陷入了一种恶性循环，越是害怕贫穷，越不敢去尝试新的事物，结果越来越贫穷。

然而，任何事情都有积极的一面。如果你害怕贫穷，就应该振作起来，努力赚钱，靠财富过上自己想要的生活。害怕贫穷，却不努力赚钱，这显然是不可能获得财富的。如果你真的害怕贫穷，那就应该去努力工作，努力赚钱，而不是一味地恐惧和节俭。做任何事情都需要投资，需要付出金钱和时间。如果因为害怕贫穷而不敢投资，就会陷入一种消极的循环，越来越贫穷。

也有很多人害怕钱花出去了却没有结果。比如花钱上课学习，他们会问："我花了几十万有什么改变？"他们害怕最终什么都没有改变，钱却都花出去了。然而，不学习就无法成长，一直困在原来的处境里，无法实现自我突破。如果你敢于投资自己，那也是一种胜利，因为你战胜了内心的这份恐惧。虽然你可能也会怀疑最终是否能如愿取得好的成果，但是只要敢于冒险，敢于投资，敢于突破，你才能成长，才能创造价值，赚到自己想要的财富。

越害怕贫穷，越不敢投入，越不敢投入，就越无法摆脱贫穷的困境。有时候，我们需要反观自己，为什么不敢去投入？找到背后深层次的原因，并且采取行动突破这种恐惧。许多人的成功就是因为他们的胆大和敢于冒险。恐惧贫穷并不可怕，重要的是要敢于面对贫穷，敢于投资，敢于冒险，这样我们才能够实现成长，赚到更多的钱，过上自己想要的生活。

**二、恐惧批评。**害怕被他人评价，这种恐惧可能源于对自我价值的怀疑。这会导致一个人在表达自己的观点或创意时犹豫不决，甚至为了避免批评而选择沉默，限制个人的成长和发展。

恐惧批评具体表现在四个方面：自我怀疑、缺乏个性、没有自信、没有志向。我曾经也深受这些问题的困扰，每当别人对我说哪些地方做得不好，哪里有问题时，我会立刻去改变，以至于最后变得面目全非，完全失去了自我。活在别人的眼光中，让我感到非常疲惫和辛苦。

后来，我逐渐意识到，别人的眼光只是他们个人的看法，并不是标准答案，更不能成为我衡量自我价值的唯一标准。大多数人需要突破的，就是这种过度在意他人看法的心理障碍。有句话说得好："只有不要脸，世界才会给你脸。"不用害怕他人的评价，没有人能做到让所有人都喜欢自己。即使有很多人不喜欢我，我也清楚地知道，喜欢我的人无论我是什么样子都会喜欢我，而不喜欢我的人，我再怎么努力也无法改变他们的想法。

很多人害怕展现自己真实的一面，担心被人嘲笑。比如有的人上课不做作业，原因是担心自己的作业会被人嘲笑，但这失去了让老师点评作业的机会，也就失去了一次成长的可能性。只有放下对他人看法的顾虑，才能活得更加自在。在与人交往时，该说真话的时候要说真话。如果周围的人总是对你说好话，那么你应该保持清醒。每个人都有缺点，没有人是完美的。不完美才是真实的完美。如果一个人表现得完美无缺，很大可能是不真实的，他只展示自己最好的一面，隐藏了自己的缺点。

突破对批评的恐惧，方法很简单：从此刻起，下定决心不在乎他人的看法。以后不断地坚定这个信念，直到真正完全不在意他人的批评。当你不再在意他人的看法时，就能够更自信地生活，按照自己的意愿做出选择，不必迎合他人的期望；就能够更好地认识自己，找到自己的兴趣和激情，定下适合自己的人生目标；就能够勇敢地面对挑战，即使面对质疑，也能保持冷静，坚持自己的信念；就能够真诚地对待他人，也能真诚地表达自己，活出真实的自我。

**三、恐惧病痛。**对病痛的恐惧，可以说人人都有。这种恐惧源自对未知的害怕、对疼痛的恐惧，或是对失去健康后的生活变化的担忧。恐惧病痛可能会以多种形态出现，包括负面的自我暗示、忧郁症、不爱运动、过度担忧未来可能的疾病、用病痛来获取他人同情，以及不良的生活习惯，如喝酒和熬夜。

负面的自我暗示，是经常无意识地对自己进行消极的提醒，比如"我这里不好"或"我不舒服"。这种自我暗示可能会加剧对病痛的恐惧，甚至导致无端的身体不适。忧郁症则是更为严重的心理疾病，会持续地担忧自己会生病，担心生活因为病痛而发生天翻地覆的变化。恐惧病痛是很多人不运动的理由，他们会说跑步伤膝盖，打球会受伤等，这种恐惧让他们选择不运动，等到真正需要动的时候，往往会真的受伤。

还有人因为害怕未来生病而过度节省，总是攥着钱以备不时之需，或者会利用病痛来博取他人的同情和关注，这两种表现短期内可以缓解恐惧，但长期来看对生活、对人际关系都有影响。喝酒和熬夜这类不良生活习惯，则是走向了反面，既然未来一定会生病，那不如现在好好享乐。这种方式可能会损害身体健康，增加生病的风险。

如果能够正视对病痛的恐惧，你可能会获得一个改善生活方式和增强身体机能的契机。你去过医院吗？在医院里的时候，最大的感触是什么？去一趟医院，我对于"身体是一切的本钱"有了更深刻更具体的感受，回来就想要好好吃饭，好好运动，好好照顾自己的身体。

生病，尤其是严重的疾病，往往会成为一个觉醒的时机。它迫使我们重新审视自己的生活方式，并开始采取行动来改善。经历过病痛，才能真正理解身体健康的重要性。我曾经得过一次严重的感冒，那一周，头痛、发烧、咳嗽、全身乏力，病痛让我几乎什么都不能做，生活节奏完全被打乱。这让我意识到任何东西都没有身体健康重要，因而日常会更注意自己的身体发出的信号，从饮食、运动、睡眠的各个方面来调整生活方式，让自己保持健康。恐惧除了给人带来负面影响，也可以让人获得正向启示，从而采取措施来改善行动。

**四、恐惧失恋。**在情感关系中，我们往往会恐惧失恋，恐惧离婚，恐惧失去爱。当一个人害怕失去爱的时候，可能会刻意讨好对方，祈求对方的怜爱；或者嫉妒、怀疑对方，像探照灯一样时刻盯着对方；或者对对方的要求变得极为苛刻，希望以此来证明对方对自己的爱。这种恐惧感可能会导致一个人在不健康的关系中一直忍受，不敢迈出改变或结束关系的一步。

现在，很多人，尤其是女性，一直处在不幸福的婚姻关系中，却不敢离婚，一方面是恐惧失去爱、失去家庭，另一方面也有经济来源、子女抚养、社会舆论、家庭等压力因素。特别是家庭主妇，她们没有经济来源，离婚会让她们面临巨大的生活压力，此外，一个人抚养孩子的艰难，周围人对于离婚的异样眼光等，都让她们宁愿忍受痛苦，继续不幸福的婚姻。

如果真的陷入这种情况，该怎么办？首先要觉察自己的处境，认识到自己内心的恐惧，并找到克服这些恐惧的方法。首先，需要觉醒，学会独立，提升自己的能力。这样，即使在亲密关系中感到不幸福，我们也有选择离开的勇气和能力。看见内心的恐惧，可以知道自己需要在哪些方面提升以及该如何行动，而不仅仅是害怕恐惧，每天感觉痛苦，却不采取任何行动改变自己的处境。

在亲密关系中，一方努力学习成长，而另一方放弃"躺平"，彼此的进步速度不一致，就会失去平衡。因此，双方都需要不断学习和进步，才能维持关系的和谐。

独立，是一种能力，每个人都需要具备这种能力。独自一个人能生活得很好，进入亲密关系可以和另一个人一起生活得更好，失去亲密关系也能照顾好自己。亲密关系中的双方如果都能够独立生活，也能彼此照顾，感情反而会变得更好。因为双方在陪伴彼此的同时，保持自己的独立，主动成长改变，能彼此促进，自然会越来越好。所以每个人首先要学会爱自己，掌握独立生活的能力，持续成长，这是我们生存的基本。

如果害怕离开家庭，没有经济能力，那就从现在开始学习，提升技能，寻找工作，让自己变得越来越强大。即使有一天真的面临离婚，也有离开的勇气和能力，而不是措手不及。但如果真的到了无可挽回的地步，一定会失去爱，也不要让自己沉沦，这也许并不是一件完全负面的事情，首先是结束了一段不健康的关系，可以重新去建立健康的关系，并且这是一次培养独立能力的机会，提升自我，实现独立，活出自己想要的生活。

看到恐惧，不能仅是害怕，还要思考当下可以做什么。

所有恐惧背后都有礼物，关键在于我们如何看待它。

**五、恐惧衰老**。恐惧衰老是许多人共有的担忧，它来自对老年生活的不确定性和对失去活力的担忧。这种恐惧可能表现为对老年时无人照顾的担忧、对失去自由和自理能力的恐惧，以及对早衰的恐慌。

女性对于衰老的恐惧，大概比男性来得更早一点儿。即使我一直知道衰老是一件很自然的事情，每个人都会经历，但当我看到自己的白头发时，依然无法像说的那样轻松面对。衰老的到来意味着失去，失去乌黑的头发，失去光泽的肌肤，失去明亮的眼睛，失去健康的身体。沙特说："老年不可怕，可怕的是一个不断被剥夺的过程。"面对衰老，真正让我们恐惧的是失去掌控感，对自我及对生活的掌控感。

如何克服对衰老的恐惧呢？首先是接纳，衰老是生命过程中的一部分，无法改变，只能平静地接纳。然后积极地转变自己的心态，把生命看作一个体验的过程，我们随时都可以去做当下自己能做的事情。老人往往拥有丰富的经历和智慧，这是岁月赋予的宝贵财富。我原本没有非常直接的感受，直到去了一次敬老院，和老人们交流，听他们讲人生故事，得到了很多启发和激励。

你也可以尝试着去观察老人的生活，想象自己年老的样子：在哪里养老，身边都有谁，每天做些什么，每餐吃些什么，穿着怎样的衣服，身体变成什么样……这样的想象可以减少对衰老的恐惧，因为你会发现老年生活也可以丰富多彩。与此同时，你也会更加珍惜当下，抓住机会去做自己想做的事情，去实现自己的梦想，去过自己喜欢的生活。

每个年龄段都有其独特的价值和美丽。年轻时充满活力和激情，老年时拥有智慧和经验。在当下好好生活，尽情体验，过好生命中的每一个阶段，而不是去忧心尚未到来的未来。

**六、恐惧死亡**。对死亡的恐惧是最根本的恐惧之一。我们会恐惧生命的终结，担忧未知的死后生活，以及哀伤于痛失所爱。这种恐惧感变得强烈时，会让人无法尽情享受生活，甚至在面对一些小小的危险时，也感到害怕和担忧。

有些人因为恐惧死亡，总是担心自己的身体状况，担心自己会遭遇意外或疾病。比如从高楼下经过时，担心楼上有东西掉下来砸到自己。这种过度的担忧，让人时刻生活在恐惧之中，甚至影响身体健康。

死亡是生命的自然组成部分，是每个人必须面对的现实。正确认知死亡，是克服死亡恐惧的最好方法。我克服死亡恐惧的方法，是去墓地走一走，感受生命的无常和短暂。我独自走过墓地，整整齐齐的墓碑上有逝者的照片、姓名和信息，我从心底里生出一种敬畏。他们中有几岁的孩子，有我的同龄人，也有年长的人……我会想象他们曾经如何度过自己的一生，是跌宕起伏，还是平淡却温馨，抑或是波折不断。无论怎样，他们都度过了自己精彩的一生，也是世界上独一无二的一生。而我自己也会更珍惜现在所拥有的幸福生活，更迫切地想抓住时间去做自己想做的事情。

人生就像是一场奔向死亡的旅程。如果拥有无限的生命，我们可能不会好好生活、好好运动、早睡早起，也无须追求成长和梦想。正是因为生命有限，才让人更珍惜，你会发现生活中的问题都是可以解决的，而我们的生命拥有无限的可能性。

一切都是最好的安排，所有的发生都是必然。对死亡恐惧的另一面是觉醒，意识到死亡终将到来，我们会主动改变，放弃那些无关紧要的事情，把行动聚焦在追求梦想上；也会愿意花时间与爱人、子女、家人、朋友交流，和他们共同体验美好时刻；生命中的那些平常之事也会变得不平凡，每一个瞬间，每一种体验都是独特的。当你意识到生命仅有一次时，便会认真地活出自我。

## 用行动突破恐惧

恐惧，常常被视为负面情绪，但实际上，它能激发积极的思考和行动。恐惧贫穷可以激励一个人提升自己的能力，更加努力地赚钱。恐惧批评，可能会让人更加注重提升自己的技能和知识，避免尴尬的发生。害怕失去、害怕离婚或失恋，这种恐惧可以促使我们自我反思，努力成为一个更有吸引力、更优秀的人，改善和加强双方的关系。恐惧病痛则提醒我们，在日常的生活中，要注意保养身体，选择健康的生活方式。而对死亡的恐惧，则让人意识到生命的有限和宝贵，激发我们去思考如何在有限的生命中实现自己的价值，让自己的人生无憾。

恐惧背后隐藏着正向的思考，我们可以反问自己：如果不想让恐惧成为现实，那现在能做些什么呢？问题的答案就是当下可以采取哪些行动。不要一味地沉浸在恐惧中，而是应通过恐惧看到自己需要做出哪些改变。

一旦你觉察到了自己的恐惧，那就想象一下，如果恐惧的事情真的发生了，会是怎样的场景，应该如何应对？担心夫妻关系破裂，就想象离婚后如何生活，不要总想着会遇到的困难，而是积极地思考解决方案，怎么做可以变得更好。然后从现在开始做准备，那么即使最坏的情况真的发生了，也能坦然接受，从容应对。

害怕死亡，那么问一问自己：如果明天死亡降临，现在你最想做什么？如果一年后的今天，死亡降临，这一年的时间你想如何度过？找到答案之后就去行动。

我原来也害怕死亡，后来在学习中碰到很多人，他们对死亡的态度是期待和喜悦的。他们认为死亡，就是去到另一个世界,在新的世界里还会有新的体验和经历。这样的观念,打破了我对死亡的恐惧。

我们生来一无所有,现在所拥有的一切都是额外的馈赠。但我们往往因为拥有了财富、地位、权力,而心生恐惧,害怕失去,害怕冒险,害怕从高处跌落……既然生来一无所有,既然是额外馈赠,即使真的全部失去,从头再来又何妨呢?我们还有一身的本领和一生的经验,还能继续创造价值。

只要开始行动,你就会发现恐惧只是一种幻象,真实情况并不是你所想的那样。有些人在面临绝症时,选择放下恐惧,去做他们一直想做的事情,结果反而活得更久。越害怕,越失去,越恐惧,能量越收缩,恐惧的事情反而可能会变成现实。这是消极的自证预言,我们应该将之转变为积极的自证预言,勇敢地开始行动,越恐惧越要行动,用行动突破所有恐惧。

如果还是不敢行动,还是有恐惧、有害怕,那就给自己种下一个"咒语":管他呢,只要干不死,就往死里干。只要还能干下去,只要一直在场,人生就有希望,既然如此,还有什么好怕的呢?

很多时候,我们所拥有的恰恰把我们困住了。因此,我们可以时刻提醒自己:我一无所有。光脚的不怕穿鞋的,因为一无所有,所以一无所怕。时刻保持这种一无所有的心态，放下所有害怕失去的东西，就能让自己的身心自由。

我还会经常提醒自己：时刻要有推倒重来的勇气。我自己创业，也有很多同样创业的朋友，我们都有一些同样的担忧：员工不知道如何完成业绩要求，一个个都要上手带；老员工离职，带走一大批客户；团队负责人把团队带走，开了个新公司……

原来我也非常恐惧这些事情，但现在我一点儿都不怕，因为我知道自己的能力，能找来客户完成业绩，而且还可以做培训，生存下去是完全没有问题的。想通这一点之后，我对员工更好了，因为对他们足够好，他们就能够快速成长起来，公司就会发展得更好，我也会有更多的时间来提升自己。不要抓住恐惧，而要放下恐惧，通过恐惧看到自己需要提升什么，可以做些什么。我知道自己有推倒一切再重来的勇气，有东山再起的能力，也就不再恐惧。即使发生最差的情况，依然可以生存下来，我就无所畏惧。

有的人喜欢立人设，设立完美的人设，但完美的人设给人感觉不真实，他可能害怕别人看到自己不好的一面，害怕被批评、被评价。这会让他不能全力以赴地创造，因为他必须伸出一只手挡住"恐惧"，遮掩着不完美的地方，只能用另一只手来创造，只能用 50% 的能力，怎么能创造想要的结果呢？不要怕别人看到自己的不好，两只手都用上，全力以赴地去创造想要的价值。

今天就开始行动，把你的恐惧去掉。害怕公开演讲，就找一个小型聚会来练习；怕高，就选择一个自己非常想要尝试的高空项目去体验一次；怕丢面子，可以到陌生的地方主动和陌生人打招呼，请他帮忙做一件小事，彼此都不认识，就不怕丢面子。针对自己害怕的事情，选择一个小小的行动，迈出第一步，接着再迈出第二步。恐惧不是命运，而是选择。选择勇敢面对恐惧，选择采取行动，选择成长和改变。走出去之后，你会发现你已经把恐惧远远地甩在身后，活出自己喜欢的人生了。

本章行动：
- 你所恐惧的事情是什么？为什么你会恐惧它？
- 面对这些恐惧的事情，当下能做什么？第一步的行动是什么？
- 如果恐惧的事情真的发生了，你会怎么做？

# 第十章
# 空性时间管理

# 第十章 空性时间管理

空性时间管理是由《能断金刚：超凡的经营智慧》的作者麦克尔·罗奇格西所提出的一种时间管理方法。它基于亚洲的古老智慧，特别是佛教中的"空性"概念，强调时间的相对性和可塑性，提出"终极时间管理是管理好自己的生命"，提醒我们把时间用在真正重要和有意义的事情上。

在实践空性时间管理的过程中，我们被引导去进行一种特殊的冥想——死亡冥想，设想今天是生命的最后一天，我将如何度过。在冥想过程中，我想象自己今天是我的最后一天，我会把喜欢的事情再做一遍，阅读、写作、冥想、运动、工作，我会陪伴家人，和每一个家人告别。最后完成所有想做的事情，人生再无遗憾，我宁静安详地离开这个世界。

在冥想的过程中，我会开始思考生活中什么是真正重要的，哪些事情是我真正想要投入时间和精力去完成的。这让我找到自己的梦想，专注于对自己真正有价值的事情上。如果在现实生活中，我能把每一天都当作生命的最后一天来度过，一定会把时间投入到那些真正热爱的事情上，去实现梦想。

# 终极时间管理：管理好自己的生命

澳大利亚临终关怀护士布罗妮·韦尔写了一本关于死前五大遗憾的畅销书，通过对临终病人的观察和记录，她总结出了人们在死前通常会表达的五种共同的遗憾：

· 我希望能不在意别人的目光，过自己真正想过的生活。
· 我希望不要为了工作把自己搞得很累。
· 我希望能勇于表达自己的感受。
· 我希望与朋友保持联系。
· 我希望让自己更快乐。

向死而生，我们会发现一直求索的答案非常简单——按自己喜欢的样子过一生。

空性时间管理，就是让我们剥离所有的外在工具和技巧，回归生命的本质去看时间，寻找生命中真正重要的事情，集中注意力去行动，实现自己的梦想和目标。当你践行空性时间管理时，你会发现自己不再为那些琐碎的事情烦恼，选择也非常简单，因为你抓住了最重要的事情。你也不再计较一时的得失，而是关注生命的意义和爱。即使再次遇到困难的选择，也只需要把问题放在生命终点前，答案会一目了然。

在电影《遗愿清单》中，两个老人被查出癌症后，选择在生命最后的时光离开医院，一起实现自己的愿望。他们去高空跳伞，去非洲狩猎，去看埃及金字塔和印度泰姬陵，去爬喜马拉雅山……每一个愿望的实现都让他们更深刻地思考生命的意义。我们大部分人现在都没有进入生命的倒计时，不会面对时日无多的境况，但我们依然可以选择电影中的思考方式，列出自己的人生梦想清单，然后一一去实现。你可能会发现，人生最重要的是做自己想做的事，找到真正的爱和快乐，经历丰富的体验，到人生的终点时了无遗憾，不虚此行。

**原则一：种子法则**。简单来说，种子法则就是你需要什么，就给出什么。也就是我们常说的，若想获得所需，必先慷慨给予。在空性时间管理理念中，需要更多时间，就要把时间给出去。刚开始接触这个理念的时候，我觉得非常困惑：金钱可以给出去，时间怎么给出去呢？而且我都这么忙了，还怎么把时间给别人？在实践中，我逐渐明白，给予他人时间，实际上是在为自己创造更多的时间和机会。

举个例子，你忙于工作，时间紧张，似乎没有多余的时间可以分配给他人。但你的邻居，一位比你更加忙碌的家长，因为紧急状况，想请人帮忙照看孩子。如果你选择挤出时间，主动提出帮助照看，这种慷慨的行为，根据种子法则，最终将以十倍的形式回馈于你。当你需要帮助时，你的邻居也会伸出援手。这就是种子法则的运作方式——你种下的每一颗种子，最终都会开花结果。有时候不一定是直接的回馈，而是会通过其他形式回流到你的身上。

这个法则可以类比于自然界中的蝴蝶和花朵。花朵盛开，自然会吸引蝴蝶。如果你希望吸引更多的蝴蝶，可以培育更多的花朵。如果只有蝴蝶而没有花朵，那么蝴蝶最终会飞走。同样，要吸引更多你渴望的东西，无论是时间、财富还是爱，都要从根本上培养自己，成为那朵能够吸引蝴蝶的花朵。所以，如果你想吸引更多的财富和成功，先培养自己，提升自己的能力和价值。只有自己足够强大，才能承载和吸引你所渴望的东西。

在一次活动中，我非常清晰地感受到了种子法则的力量。当时只有不到一周的活动筹备时间，我需要邀请100人参加活动，时间非常紧张。这时，我过去种下的时间种子开始发挥作用。那些我曾经帮助过的人，现在纷纷对我伸出援手，帮助我完成了这项任务。这就是种子法则的神奇之处——你给予他人的时间，最终会以不同的形式回馈给你。

有人可能会问，即使我帮助了他人，但我怎么知道有回馈呢？这是种子法则的另一个奥秘——你的善行会在宇宙中扩散，通过不同的渠道回馈给你。这就像你在土壤中播下种子，最终收获的果实可能来自不同的植物。

在实践中，有很多种方式种下时间的种子。比如，陪伴长辈，帮助有紧急需求的人，照顾他人。种下这些种子，实际上是在为未来自己需要帮助时做准备。这些种子最终会在你需要时开花结果，曾经付出的时间和帮助，会通过各种形式回流到你身上。

以前我对于种子法则的理解非常粗浅，认为把自己的时间和金钱给出去就行，想得到什么就给出什么。现在我意识到，不应该仅仅关注眼前的得失，而应该慷慨地分享自己所拥有的。给予这个动作，就是在为自己创造更多的资源。这种慷慨的精神不仅能够帮助他人，也能够为自己带来意想不到的回报。

种子法则的深奥之处在于，它要求从根本上解决问题，而不是仅仅关注表面现象。功夫下在种子上，而不是果实上。只有当我们种下了良好的种子，才能期待收获丰硕的果实。所以成长就是在培育你自己这朵花，当你有了能量，有了能力，他人自然会被你吸引过来。就像做生意，你能帮别人解决难题，满足他的需求，反过来你就能赚到钱。把自己这朵花养好，你想要的自然会来。

据说峨眉山上有很多猴子，喜欢抢路边的苹果。有一只聪明的猴子吃完苹果后，想苹果是从哪里来的呢？苹果树可以长出苹果，于是它开始种苹果树。结果种了两年，它见苹果树没有长出苹果，就把苹果树拔了。事实上，苹果树需要四年才能结果。这是因为猴子不懂自然规律也缺乏耐心，在树还没有成熟的时候就放弃了。我们人类也是一样，要想获得更多，需要耐心地培养自己的"苹果树"，而不应急于求成。

**原则二：照顾好自己。** 你觉得时间管理与照顾好自己之间存在着怎样的关系呢？我们都知道身体很重要，健康的身体是工作、赚钱和照顾家庭的基础。身体一旦出现问题，不仅自己很痛苦，工作没法做，还可能成为家庭的负担。

既然身体这么重要，那么你花了多少时间照顾自己的身体呢？我们知道发脾气对身体有害，却仍然无法控制自己的情绪；知道抽烟喝酒有害健康，却总有种种理由一直抽烟喝酒；知道运动很重要，却从来没有时间动一动……稍加思考，我们就会发现自己花在照顾身体上的时间非常少。但现在不花时间照顾自己，未来可能要花更多的时间在治疗疾病和恢复上。家人也会为我们的健康担忧，并且需要投入额外的时间和精力来照顾我们。因此，投入时间维护自己的健康，实际上就是在为自己创造更多的时间，同时也在为家人节省时间。

在家庭中，我们常说，父母身体好，就是最大的福报。父母身体健康，我们可以安心地干事业，追求梦想。反之，家人身体不好，我们需要花时间来照顾他们，这无疑会影响到工作和生活。所以，对父母的关怀和照顾，实际上也是对自己的一种投资。当我们投入时间和精力照顾他们，确保他们身体健康、生活幸福时，自己也可以安心地投入工作和生活。所有事情看起来是对别人好，其实最终都是对自己好。

当我们给予他人支持和时间时，最终这些给予会以不同的形式回馈给我们。我经常和朋友私聊，给予他们力所能及的支持。当我组织活动时，他们都会来支持我，我感觉自己收获到的更多。最大的利他，就是利己。

学习佛法让我深刻意识到，帮助他人的行为最终都会回流到自己身上。很多富人花时间、花精力、花钱做公益，有人认为这是为了获得广告效应和社会认可，这其实是短期收益。从更长的时间维度来看，他创造价值，收获财富，又将之回报给社会，创造更大的价值，收获远比付出多。

**原则三：鱼与熊掌兼得。**老话常说：鱼和熊掌不可兼得。面对两个选择，我们常常要做出取舍。但如果两个都想要呢？你是否有过两全其美的体验，在完成一个目标的同时，无意中也完成了另一个目标？

2022年，我参加了一个课程，这个课程对我个人成长和职业发展很重要。课程在全国7个城市上课，在上课的过程中，我也在这7个城市安排了游玩行程，部分实现了我的另一个梦想——全国旅行。所以多线并行，是可行的，只是需要巧妙地安排和调整。另一个例子是我把陪孩子写作业和锻炼自己的耐心结合起来。家长肯定都有过和我同样的体验，陪孩子写作业，分分钟能让人变身"喷火龙"。觉察到在陪孩子写作业时可以锻炼自己的耐心，于是我给自己定下目标，在陪孩子写作业的过程中，减少发火的次数，积极地帮孩子完成作业。就这样，孩子的作业顺利完成，我的耐心也增加了许多。

只要有善于发现的眼睛和有效的规划，多任务并行并非不可能。在完成手头任务的同时，我们也要多思考如何在这个过程中实现个人成长和价值的创造。做分享，不仅是一个分享知识的机会，也是锻炼自己演讲和沟通能力的时刻。陪伴家人，也可以选择自己想去的地方，或者带着孩子和闺蜜聚会，同时满足了孩子和自己的需求。我喜欢去其他城市上课，这样可以多去几个城市旅行，有时还可以去拜访客户，学习、工作、兴趣完美结合。跑步时，我喜欢听《道德经》，锻炼身体，又滋养心灵。

尝试培养这种多线并行的思维模式：在做每一件事情时，思考如何能够同时实现多重目标，如何在有限的时间内创造更多的价值。这种"时间重叠能力"不仅能够增加生活体验，还能够在忙碌的生活中找到平衡和乐趣。

**原则四：减少无意识的内心对话。**在日常生活中，大脑常常被各种思绪占据，就像内心有很多个小人儿在不断地争斗和对话，消耗着我们的精神能量。通过冥想，可以减少这种无意识的内心对话，达到内心的平静和清明。

冥想的好处是多方面的，它不仅能使思维更加清晰，还能让人放松身心，提高专注力，增强自我意识。冥想并不是要求我们什么都不做，而是有意识地思考和内省。许多冥想练习都配有引导词，这些引导词能够帮助我们集中注意力，进入更深层次的思考。在前面，我提到了一个冥想中的问题：如果今天是生命中的最后一天，你将如何度过？这样的问题，直击灵魂，引发对生命根本问题的思考。

冥想还可以培养想象力和创造力，在宁静的时刻，深入自己的内心，让灵感和创意自然涌现。这种宁静的状态能够激发对生活的深刻思考，找到解决问题的新方法，开启新的可能性。

## 时间窃贼

时间就是生命，效率就是金钱。但在日常生活中，有许多无形的"窃贼"在悄悄偷走我们的时间。这些"时间窃贼"削弱了行动的效率，限制了我们实现目标的步伐。让我们一起把它们抓住。

**窃贼一号：懒散和拖拉**。懒散和拖拉是时间管理的大敌。懒散，诱使我们推迟任务，延迟行动，结果导致时间在不知不觉中流逝。拖拉，不仅浪费时间，还会导致工作质量下降，因为任务往往在最后一刻才被匆忙完成。

对付这个"时间窃贼"的方法是制订清晰的计划，并坚定地执行，做任何事情都尽早开始，走在计划的前面，让这个"时间窃贼"偷无可偷。

**窃贼二号：找东西**。有一本讲时间管理的书中罗列了一些日常事务的数字：人一生中要在日常事务上大约花去22年，其中6年吃饭、5年排队、4年打扫房间、3年做饭、2年回电话、1年找东西、8个月看垃圾邮件、6个月等红绿灯。换算下来，假设一个人能活到100岁，那么他每年花在找东西上的时间，大约是 87.6 小时，每天花在找东西上的时间大约是 14.4 分钟。

一生中 1% 的时间都用来找东西，是一种巨大的浪费。解决这个"时间窃贼"最好的方法是标签管理和物品归位。我会在我的个人物品上贴上标签，不仅方便自己快速识别，也减少了他人误拿的可能性。家中的物品，都有固定的位置，并贴上标签，用完之后直接放回去，这样可以大大减少寻找物品的时间。

**窃贼三号：断断续续的做事模式。** 研究发现，浪费工作时间最重要的原因是做事时断时续。频繁中断，再重新开始，会消耗较多的精力和时间，因为重新工作时需要花时间调整注意力，才能在停顿的地方继续干下去。

重要的事情往往需要花费更多的时间和注意力。一旦中断，重新启动所需要的精力可能成倍增加。所以如果一件事对你来说很重要，或需要培养成习惯，不要中断，努力保持连续性。

**窃贼四号：懊悔过去和空想未来。** 沉湎于过去的失误和对未来的无谓幻想，同样会消耗大量的时间。懊悔过去无法改变现状，而空想未来可能导致错失行动的机会。我们应该学会从过去中吸取教训，为未来制订计划，但最关键的是专注于当下，采取实际行动。

# 时间增值法则

**第一，记录时间，看自己的时间是怎么花的。**时间管理的第一步是看见自己的时间是如何花掉的。我们可以像记账一样，记录自己的时间花费。时间和金钱，我们往往更重视看得见的金钱，而忽视时间。但事实上，时间是不可再生的资源，无论花与不花、怎么花，我们仅此一生，拥有的时间是固定的。而金钱花出去还能再赚回来。所以我们应该更重视时间，像对待金钱一样，认真记录和审视自己的时间支出。

记录时间的方法很简单，客观地记录你正在做的事情的开始时间和结束时间。通过这样的记录，可以清晰地看到自己的时间是如何分配的，哪些活动占用了大部分时间却收效甚微，成为"时间黑洞"，是否有浪费时间的情况等。

我曾经使用过一款时间记录软件，通过记录时间，我惊讶地发现，有些日常活动，如无意识地浏览社交媒体、频繁地检查电子邮件等，花费了我相当多的时间。这个发现让我意识到，如果不加以控制和管理，这些"时间黑洞"将无情地吞噬我宝贵的时间。

记录时间的另一个好处是，它可以帮助我们更好地规划和安排时间。当我们清楚地知道哪些活动是必要的，哪些是可以简化或取消的时，就能有意识地做出选择，优化时间分配。

**第二，预算时间。**正如财务人员设定预算来控制支出，时间预算也能规划和控制时间的使用。在列出任务清单的时候，可以加上一个时间预算：一天有多少可用的时间，每项任务需要花费多长时间。预算一列出来，一整天的时间规划都非常清晰。如果任务太多需要更多时间，可以将任务调整到其他时间，如果任务比较少剩余比较多的时间时，可以再安排一些事务。

持续做时间预算，可以帮助我们建立对时间的敏锐感知。我每天早上开车去公司，会做一个时间预算，到了公司之后再看一下时间记录，看看实际花费了多少时间，两相对比，就能知道时间预算准不准。

这是对时间预算的复盘，在完成任务后，回顾实际用时与预算用时之间的差异，分析原因，总结经验，不断优化时间预算策略。长期进行这样的训练，能够敏锐地觉察时间的流逝，逐步提高时间预算的准确度。

时间预算需要保持一定的灵活性。在制定时间预算时，预留一些机动的时间来应对不可预见的重要紧急事件。这样，即使出现意外状况，也能够保持日程的稳定，避免因小插曲而打乱整个计划。

**第三，时间是本金，开始得越早，持续的时间越长，复利就越高。**复利效应是一种强大的力量，它意味着随着时间的推移，能够将持续的小额投入积累起来，最终产生巨大的影响。把时间作为本金，投入梦想和目标中，越早开始积累，持续的时间越长，复利效应越明显。

在个人成长方面，时间的复利效应尤为明显。一个人可能不是最聪明的，但他每天坚持学习和成长，哪怕每天只是进步一点点，经过十几年的积累，这些小小的进步将汇聚成巨大的成就。成功从来不是一蹴而就的，一定是长期坚持和努力的结果。

我每天学习、阅读、运动、自我提升，都是在做小小的积累，这正是因为我意识到了时间复利的力量，并付诸实践。我相信，这些日常的小努力，经过时间的积累，终将带来显著的成果。

**第四，找到杠杆，找出关键行动。** 杠杆作用是指识别并专注于那些对结果产生最大影响的关键任务或行动。几乎所有任务，都存在一个或几个关键行动点，这些点就是所谓的"杠杆"。根据二八法则，通常情况下，完成这些关键行动，即可完成整个任务的大部分。因此，识别并优先处理这些关键行动，是确保时间和资源得到高效利用的方法。

许多人在处理任务时，往往会陷入细节，忽视对关键行动的把握。他们将大量时间花费在不重要的事情上，而最关键的部分却迟迟未能启动，这导致大量的时间被浪费。正确的做法是，首先识别并完成最关键的部分，然后再处理其他的细节。在实际操作中，可能会遇到一些难题，不要犹豫，寻求专业的帮助，这不仅能快速解决问题，还能获得宝贵的知识和经验。

**第五，把力所能及的事情做到极致。** 这是我的语写老师提出的概念。真正的专业和成功往往不在于完成多少大事，而在于将日常的、力所能及的小事做到极致。

以演讲为例，如果一个人每天都投入15分钟来练习演讲，不断磨炼自己的口才和表达能力，他完全有可能成长为一名超级演说家。销售人员每天都去做销售，专注于提升自己的销售技巧，他最终也能成为销售领域的专家。一个人对烹饪充满热情，每天都投入时间研究不同的食材搭配、烹饪方法，他一定可以成为一位美食专家。写作者每天坚持写作，不断磨炼自己的文笔和创作能力，他一定可以成为一名作家。

这个过程并不需要做出什么惊天动地的大事，只需要在日常中持续精进和完善，关键在于持之以恒地将一件小事做到极致。它要求我们在自己选择的领域内，不满足于现状，持续不断地进步，始终保持对卓越的追求。

**第六，批量处理事情。** 批量处理是指将相似的任务分为一组，以便更高效地完成它们。批量处理的好处在于它能够减少重复劳动，提高处理速度。进行电子邮件处理、回复消息、安排日程等日常重复性事务时，都可以采用类似的策略。设定特定的时间来统一回复电子邮件，或者在日历上批量安排一周的会议和活动。

批量处理任务，能够让我们更好地管理时间和注意力。专注于单一任务，可以更深入地思考和解决问题；而在不同的任务之间切换，会导致注意力分散和效率降低。批量处理同一类事务可以把类似任务集中完成，减少注意力的分散。在日常生活中，批量处理还能有很多应用，比如购物时列清单，一次性购买所需的所有物品；做家务时，相似的任务安排在一起，比如洗衣服、打扫卫生等。

**第七，事前复盘，事中复盘，事后复盘**。通常我们说复盘，是在事后复盘，忽视了事前和事中复盘。

事前复盘是在任务开始之前，在脑海中仔细预演整个流程，预见潜在的障碍，识别可能的问题和挑战，提前规划应对策略，减少行动中的失误和遗漏。

事中复盘是在任务执行过程中进行的，我们可以及时评估执行进展，应对新出现的问题，保持行动的灵活性，确保任务顺利进行。

事后复盘是在任务完成后，对整个执行过程进行回顾，评估哪些方面做得好，哪些方面需要改进。其主要的作用在于总结经验教训，为未来的工作提供参考。

事前、事中、事后复盘，意味着随时可以复盘，构建一个完整的迭代优化循环。事前复盘可帮助我们做好准备，事中复盘可让我们能够灵活应对突发状况，而事后复盘则让我们从整体上迭代和成长。

**第八，人们只会帮助目标明确的人。** 假设一个人站在路中间，茫然地寻求帮助，好心人来问他，你需要什么帮助？他却说不知道。那么所有人都无法为他提供帮助。

这就是为什么人们往往更愿意帮助那些目标明确、计划清晰的人。当你清楚地知道自己想要什么，并把自己的梦想说出来时，周围的人能清晰地理解你的需求，他们会更愿意向你提供帮助。有时候你的困难，对他们来说只是举手之劳。

所以我们可以做两件事，第一，明确自己的目标，第二，分享给身边的人。不要害怕你的梦想会被评论、被嘲笑，你会得到更多人的支持和理解，还有可能获得宝贵的建议和资源，吸引志同道合的人，为你的目标添砖加瓦。时间是一个人最宝贵的资源，而如何使用它完全取决于你自己。愿你能成为时间的主人，实现个人的成长和成功。

本章行动：
· 写下你的时间增值行动，并执行。

## 第三部分

# 获取成功者密码

# 第十一章
## 五步快速成长

# 第十一章 五步快速成长

每个人都渴望成长，成长本身就是一种财富。如果你成长了，财富也会伴随着你的成长自然而然地增长。而且，不仅仅是金钱，还有健康、家庭、人际关系，都会向着好的方向发展。成长，是每个人的刚需。

# 学习金字塔

我们都希望自己能快速学习，快速成长。甚至我曾感叹过：如果有一种方法，能直接把知识装进大脑，让我随取随用，那该多好。尽管这只是我美好的幻想，但的确有方法可以让我们更高效地掌握知识，进而快速成长。这个方法就是声名远播的"学习金字塔"，也被称为"经验之锥"。

学习金字塔

学习金字塔，由美国学者、著名的学习专家爱德加·戴尔于1946年首先发现并提出。从塔尖开始，第一种学习方式是"听讲"，老师讲学生听，也是我们最熟悉的学习方式，但它却是最低效的，两周后学习内容的平均留存率仅有5%；第二种"阅读"学习，就像此刻你正在阅读这本书，两周后大约还能记得10%的内容；第三种"视听"学习，即有声音有图片或有影像的学习，比如时下流行的网课、播客等，两周后学习内容的平均留存率是20%；第四种"演示"学习，通过他人示范来学习，两周后学习内容的平均留存率是30%。以上四种方式都是被动学习。

还有三种主动学习方式，分别是第五种"讨论"学习，两周后学习内容的平均留存率可以达到50%；第六种"实践"学习，两周后学习内容的平均留存率可以达到75%；最后处于金字塔基座的最坚实的学习方式是"教授他人"，两周后学习内容的平均留存率可以达到90%。

最高效的学习方式是积极主动的。如果只是被动听课，不主动讨论，不积极实践，那么仅能掌握5%的知识点。而你已经为此花费了大量的时间，这不是很可惜的一件事吗？最初我的学习方式也主要是被动学习，为了更快地成长，我开始寻求更好的学习方式，逐渐走上了教授他人的路径。为了教授他人，我必须主动与知识进行互动，从自己已学的知识中进行提取和重新梳理，清晰地了解哪些知识已经掌握，哪些知识还需要补充，进一步思考如何重新组织，如何向他人讲解，让他人也能够更好地理解和学习。这是一条快速成长的路径，我在教授他人的路上以更快的速度持续进步。我最深刻的感受是，在学习中越主动，越专注，越投入，越高效。

## 快速成长五步法

成长有方法。当我们掌握了成长的方法，就会知道如何快速提升自己，而不是盲目地摸索。我在实践中运用的快速成长五步法是：愿－师－闻－思－修。

### 愿：强烈愿望

为什么学习成长需要强烈的愿望？稻盛和夫曾说：成功的秘诀就是怀抱强烈而持久的愿望。这句话对我们每个人的学习和成长也同样适用，强烈的愿望就是"无论如何都要实现"的想法，并且日也想夜也想，醒也想睡也想，念念不忘。每时每刻都思考着如何学习成长，如何解决遇到的问题，如何通过实践发挥自身价值，还有什么不能解决的呢？还有什么做不到的呢？

那么，一个人有强烈的学习成长愿望会表现在哪些行为上呢？首先，愿意投资自己。如果一个人不愿意投资自己，不愿意花时间花金钱学习，这就说明他没有强烈的愿望要通过学习成长来改变自己。这样的人，即使有人把课程免费送到他面前，他也不会认真学习。

我一直认为，付费在一定程度上可以体现意愿的强烈程度。金钱是每个人的必需品，我也非常喜欢金钱。现在为了学习成长，我愿意付出我最喜欢的必需品，一方面是和自己确认强烈的改变的愿望，另一方面是向老师表达我的强烈愿望。在我学习的课程中，有很多都是高价课程，付出金钱的那一刻是心痛的，但我更能感受到内心想要改变的强大决心。在接下来的学习中，我也会更加投入和专注，以获得更好的结果。

当然，并不是说一定要付出高昂的学费来学习。我们可以在力所能及的范围内选择适合自己的学习方式。

其次，投入时间。成长，是一个过程，不可能一蹴而就。我们的成长只能在时间维度上实现。因此要成长，就必须投入时间。有的人一直说渴望改变，却又总说很忙，不愿意花时间学习成长，那改变从何而来呢？真正有强烈愿望的人，会把一切可能的时间都投入想做的事情中，日思夜想，只为获得想要的结果。

最后，行动是关键。我参加过很多课程，在这个过程中观察到一个现象，价格越低的课程，往往践行者越少。我自己也体会到这样一种心理：这个课也就几百块钱，一顿饭钱而已，浪费了也无所谓。但如果一个课程价值几万元甚至几十万元，那么我会非常认真地对待，因为每一刻的懈怠都意味着巨大的损失。

越贵的课程，你会花费越多的金钱、时间和精力，也会越专注，希望能取得成果，值回学费。为此你就会更加积极地采取行动，把学到的知识和方法用起来，在工作和生活中创造价值。期待改变的强烈愿望会一直伴随着你，并且会进一步得到强化。

强烈的愿望对于改变的发生起着决定性的作用。带着强烈的愿望去行动，成长进度条就已经完成了60%，还有

40% 只需要你不断实践，迭代优化，就能跑满。而如果你没有强烈的愿望，改变或者不改变都无所谓，那么即使知识芯片真的植入你的大脑，你也不会采取行动。

我立下宏愿，立志成为一名生命导师，点燃 1 亿人的生命激情，激活 1 亿人的人生梦想。有人和我开玩笑，说我爱吹牛。但我相信自己，相信这个宏大的强烈的愿望，相信自己能不断成长，让梦想照进现实。

为什么我们需要梦想？因为人类所有的创造、突破都来自梦想。因为梦想是我们真正渴望的东西，这份强烈的愿望将促使我们去做任何事情。当你有了梦想，全情投入其中时，你会发现自己开始"自燃"，并且能产生强大的影响力，吸引身边的人来帮你把事情干成，实现你的梦想。

## 师：寻找良师

人生三大幸事之一，就是得遇良师。有一个好老师指路，人生能少走很多弯路。以人为师，也是成长最快的方式。

这是我过去 12 年学习成长中总结出的最重要的经验之一。12 年前，我只知道要学习、要改变，并没有认真思考到底要学什么，要找一个怎样的老师，于是一头扎进去，跌跌撞撞走了很多弯路。现在回头看，如果一开始就懂得如何寻找好老师，并且认真地跟随他学习，那么成长速度会比现在快很多。

成长的路上肯定会遇到困难,我相信你和我一样,一定遇到过很多花很长时间也想不明白且突破不了的问题。我最初执拗地靠自己横冲直撞,没有获得成果。后来我开始找老师,维度高的老师往往一句话就能把我点醒,把我的认知和视野打开。这让我认识到,花钱找老师,为自己指点迷津,就是少走弯路。因为你付费给一个老师,不仅仅是买下了他的课程,还买到了他的经验、他的思考、他的认知,这可以让你避免自己摸索的漫长过程和高昂成本。

我们所遇到的问题,一定有人遇到过,一定有人解决过,一定有人取得了成果。只需要找到那个人,或者找到研究这个问题的人,我们就能站在巨人的肩膀上,走上正确的道路,避开可能踩到的坑。这本身就是对时间、金钱和精力的节约,并且也可能会走得更远。

那么,如何找到好老师呢?每个老师的知识、经历、观念都不一样,我们没有那么多时间和金钱一一跟随,且什么都学,这样最终可能对所有知识都一知半解,不够深入也很难持续。因此我们要建立自己的选择标准,对老师进行考察,选择适合自己的老师。

我选老师的标准主要有三个:

第一,老师是否自己取得了成果。如果一位老师讲的知识,自己却没有实践,没有取得成果,那么他很可能只是空谈理论。我们要成长,就要跟随已经取得成果的老师,学习他知道并且真正做到的认知和经验。

第二，老师是否带人取得了结果。会做不代表会教，因此我们还要观察老师在自己取得成果之后，是否带领学员也取得了成果。如果学员在他的指导下取得了成果，那么他的认知和经验是可复制的，并且他知道如何指导学员，帮助学员取得成果。跟随这样的老师学习，我们也能更快地成长。

第三，老师是否持续自我更新。终身成长，是现代社会对我们提出的要求。选择老师也要选择有成长型思维的老师，观察老师是否在持续成长，是否在不断更新自己的思维和认知。如果一位老师一直用过去的知识和经验教学，那么他很可能无法跟上时代的脚步。

当然，选择一个好老师不仅仅只有这三个标准，还需要观察他的专业度、生命状态、内在动力、心中大爱等。老师也不是越多越好，我们需要根据自己的成长阶段和实际需求，选择自己真正喜欢和认可的老师，深度学习。

### 闻：持续学习

学习，是一个永无止境的过程，我们要持续学习，将其培养成一种生活习惯。如果你参加了一个三天的课程，上完课后没有继续学习，没有复盘，没有实践，两三个月后还能回忆起一点点课程内容，那么这个课程的效果已经是非常不错的了。蜻蜓点水般的学习，学什么都浅尝辄止，效果基本上是微乎其微的。因为我们的思维和认知是靠几十年的时间积累起来的,想要通过 21 天、3 个月的短期学习来改变,几乎是不可能的。唯有长时间地持续学习,才能收获长久的成长和改变。

持续学习是一种习惯,就像吃饭睡觉,是生活中不可或缺的一部分。拉开人与人之间差距的不是短时间的冲锋,而是日复一日的积累。把学习当作终身事业,未来还要做 30 年、40 年甚至更长时间,以一种终身学习的意识每天进步,成长也将永不停步。

持续学习还能帮我们跟上时代的脚步,保持个人的竞争优势。当下的社会变化越来越快,新技术、新理念、新知识不断涌现,只有持续学习才能跟上时代,提高自己的适应能力,拓展自己的视野和认知,保持自身的竞争力和活力。

有时候我们可能会觉得学习成长的路径很漫长,的确,我对这一点也深有感触。有意识地投入学习十几年,我真正感受到自己发生巨大变化也是在最近的两三年。过去学了很多知识,但只是知识,我并没有体会到知识的力量。但我从一开始就坚信学习是一个持续的过程,我要学到学不动为止,靠着这种信念我坚持了下来。现在我能感觉到我所掌握的知识逐渐形成体系,在我的脑海里融合,并能为我所用。

学习就像酿酒,时间越久,才会越香醇。持续学习时间越长,越能结出丰盈的成长果实。这背后是时间复利效应,学习开始得越早，持续学习的时间越长，收获的成果也就越多。一旦中止，就意味着半途而废，再次起步又要重新积累。

### 思：持续思考

思考和学习，是紧密联系在一起的。孔子说："学而不思则罔，思而不学则殆。"圣人在两千年前就告诉我们：只学习不思考，就会迷惑而无所得，只思考不学习，就会精神疲倦而无所得。

思考，就是将所学所获，和自己当下的思维进行对照，理解分析，更新自己的思维。为了避免真正的思考，有些人愿意做任何事情。他们总是等待着别人告诉自己怎么做，服从迷信权威，让自己的大脑变成别人思维的跑马场，最终失去主动思考的能力。这样的人可以说已经停止了成长，停留在了当下的状态。

爱因斯坦曾说：学习知识要善于思考、思考，再思考，我就是靠这个方法成为科学家的。没有真正的思考，任何学习成长的动作都不过是在做无用功。我们"闻"到的所有知识，都是未经处理的原料，需要经过思考，才能被消化，真正内化为我们自身的养分，滋养成长。而作为终身学习者，我们也必须时刻思考，思考现在是怎样的，希望明天是怎样的，今天做些什么可以让自己向明天迈进一步……

### 修：持续行动

修，就是行动和实践。学以致用，把学到的东西，在日常生活中运用起来，验证所学是否真实有效，是否真正适合自己。

我偶尔会遇到一类人，一提到某个观点，他们就会说这个老师说过些什么，那个老师是怎么说的。老师说的固然没错，或许也都是重要的知识，但这些知识是否真的适用于自己，需要我们亲身实践去验证。每位老师的观点都不尽相同，如果没有实践过，我们就无法判断它是否适合自己，更无法发挥出知识的价值。实践过的知识才能创造出价值。

事上练，唯有持续行动，才能在事情上锻炼能力，这便是修行。在这个过程中，把事情做到位，形成积极的行动模式，改变将自然而然地发生，自我成长也将变成一种本能，帮助我们在未来持续成事。

学习的目的，是拓宽我们的认知边界。如果一个人闭门造车，只盯着自己的一亩三分地，一个人修练，从不向外看，不去吸收外面的知识，那么他就会一直困在自己的思维定式中，这样的学习效率非常低，更无法实现真正的改变和成长。我们必须向他人学习，吸收他们的认知和思维，通过自学来深化理解，然后真正用在实践中，这样才能不断地扩展自我的边界。

无论是学习专业知识，还是阅读一本书，同样的内容，每个人的收获是不一样的，如果只按照自己的方式去学习，从不向人求教，从不与人交流，从不应用于实践，就会局限在自己的世界里，无法突破自己的边界。学而不修，学得再多，也只会给大脑"添堵"，不如不学。有的人满腹经纶却很痛苦，原因就在于他们学了很多，却不实践。知识无法创造价值，只存在大脑中，便会让人变得焦虑。与其焦虑，不如实践，只要掌握一个知识点，就尽快实践一次，哪怕只是非常简单的实践，都能得到有效的反馈，促进成长。

学习是输入，输入之后需要输出，而输出的方式通常有两种：一是教授他人，二是实践。教授他人能够让我们更好地掌握知识，实践则能够让我们用知识创造价值。输入和输出结合在一起形成一个闭环，只有输入，不分享不实践，没有输出，知识就会阻塞在大脑里；只有输出，没有输入，行动就会断流。输入输出循环往复，相互促进，闭环就会运行起来，就如双腿行走，步履不停，越走越远。

## 借力成长圈

一个人可以走得很快，一群人能走得更远。在学习成长的路上，找到一个好的圈子，能够促进我们的成长。背后的原理在于环境对人的影响，我们想要变成什么样的人，就让自己进入怎样的环境中，借助环境的推动力，促进自己成长。

孟母三迁，是一直被传颂的故事，两千年前的古人就已经意识到环境对人的成长的重要性。环境能影响人，能熏陶人，也能潜移默化地改变一个人。孟母通过主动搬家来改变孟子所处的环境，帮助他进学，也告诉我们要主动去选择或改变环境，比如选择生活环境、工作环境、社群环境等。

意识到环境的力量，我便开始积极主动地寻找好的圈子，然后让自己"浸泡"在其中，在圈子环境的影响下成长。也是基于这一原则，我极少参加短期课程，而是大多选择长期的高阶课程。这些课程的周期通常都在一年以上，这会让我完全进入课程所营造的圈子中，长期和老师沟通，和同学交流。在圈子氛围中，沉浸式地学习成长，自然而然地得到改变。

你想做什么，就去找什么样的圈子。你要学习成长，就去找学习成长的圈子；你想阅读，就去找读书人的圈子；你想写作，就去找作者的圈子；你想赚钱，就去找"搞钱"人聚集的圈子……每个圈子都有自己的氛围，加入之前，可以和圈子里的人聊聊，感受一下这种氛围，确定圈子是否适合自己。如果你想要学习成长，却进入了"搞钱"的圈子，那必然是不适合的，可以早点儿抽离。适合自己的圈子，可以让自己变得越来越好，这样的圈子才真正值得拥有。

我加入了几个学习成长的圈子，每个圈子都长期参与其中。在加入之前，我会观察圈子的学习氛围和圈中人对学习成长的态度。其中有一个圈子，我付费 6 位数加入。

有人问我为什么愿意付这么高的费用加入，我说因为我想追求终身成长，而那个圈子聚集了一群探索生命真谛的人，他们不单纯地追求物质，而是追求精神层面的成长，寻找自己人生的终极意义。我们一起学习种子法则，在实践中付出爱、传递爱。身在其中的我备受滋养。

选择一个圈子，学习知识、自我成长的同时，也是选择和自己一起前行的人。当我们携手成长，彼此成就时，每个人都会得到滋养，都会在耳濡目染间，得到巨大的进步和成长。我的圈子以学习成长为主，有早上6点跑步的圈子，有早起的圈子，有做大拜式的圈子等，我的成长有时候也来自圈子的影响。比如正式学习时间管理，契机是参与了一个90天的实践挑战，有一群人一起实践，大家一直陪伴着我的学习实践，及时给予我反馈，让我坚持了下来。

圈子对一个人的影响是巨大的，有时候，它甚至能决定你是谁。盘点一下：你所在的圈子有哪些？分别是什么圈子？它们在哪些方面帮助你成长？你从圈子中收获了什么，又给予了圈子什么？

## 远离消耗源

追求成长的你一定要记住一句话：千万不要跟消耗你的

人在一起。做任何事情都需要动力，也都会遇到阻力，我们总是想着如何做能增加动力，却不太注重减少阻力。但实际上减少阻力比增加动力更加重要。自然的规律是遵循阻力最小路径，比如河流奔向大海，一路上会遇到无数阻力——横亘的山川、坚硬的石头等，它不会去较劲儿，不是一定要冲刷山川，击穿石头，以实现路径最短，而是会选择阻力最小的地方绕过去，这样它能更轻松更高效地流向大海。

我们的成长也是如此，最小的阻力能够在很大程度上保护前进的动力，不会让动力损耗在沿途的阻碍上，而是专注于前行，在此基础上再去增加动力，这样才能走得更稳更快。所以如果身边都是消耗自己能量的人，成长的阻力就会变得无限大，再大的动力也无法推动你前进。但换个环境，身处成长圈子，每个人都追求成长，鼓励成长，那么我们的成长不仅没有阻力，还会获得源源不断的动力。

曾经有很多人和我说，希望能像我一样有强大的动力去成长去发展，但只要一动，阻力便扑面而来，家里人不支持，朋友们说太折腾，还有人看笑话……我通常都会建议他们换一个环境，如果无法做到，那就找一个成长圈子，汲取成长的动力，远离消耗自己能量的人。特别是刚开始做一件事的时候，动力就像一个小火苗，还不足以点亮前方的路，很容易受到环境和他人的影响，一不小心就会被吹灭，这时候更需要避免与消耗能量的人在一起。找到一个合适的圈子，一群合适的人相互激励，让心中的火苗越烧越旺，实现改变与成长的突破。

# 经历超常体验

要想快速成长，就必须经历超常体验。所谓的超常体验，相较于普通人每天的自然体验，就是强度超出日常、接近人的忍受极限的体验。超常体验的程度有深有浅，和每个人过去的经历有非常大的关系，但关键的一点在于它会让你终生难忘。

经历超常体验，会让我们认识到一件事，即曾经认为不可能的事情，已经变成了现实，那么未来遇到任何看似不可能的事情，都可以将其变成现实。因为超常体验会让人看见从不可能到可能的过程，每次想起来都会变得特别有力量，在遇到困难时，会产生信心和动力，你会想：我曾经做到过，曾经可以把不可能变成可能，现在为什么不可以呢？超常体验可在脑海里建立坚定的信念，彻底打开认知的边界，因而让人永远铭记于心。

我非常恐高，但我成功地实现了高空跳伞的梦想。在我的想象中，乘坐飞机到一万英尺的高空，舱门打开那一瞬间疾风呼啸，舱门外是缭绕云雾，我和教练纵身一跃……光是脑补，就让我开始恐惧，完全无法想象在高空会看到什么，反而想象出无数种危险的画面。而当我决定要去完成高空跳伞这一超常体验时，我将自己的模式从恐惧调整为自我说服，给自己做了许多心理建设，最终站到舱门边，我没有让自己犹豫，而是勇敢一跳。那一刻我觉得自己很棒，我抵制住了心中的恐惧，克服了心理上的恐高，战胜了胆小怯懦的内心，我觉得自己棒极了！这是我生命的高光时刻。

还有一次超常体验是去巴拉格宗徒步，那里有壮美的自然风光，宏伟的峡谷、奔流的瀑布、清澈的溪流、宁静的草原、迷人的湖泊，还有巍峨的格宗雪山……原本想象中轻松美好的徒步之旅没有出现，我出现了高原反应，每走一步都感觉到缺氧。尽管如此，我还是紧跟着队伍，完成了这场艰难的徒步。

这样的超常体验不常出现在日常生活中，但每一次出现，我都仿佛经历了一次蜕变，其间体验到的种种，也都会永远地留在我的记忆中。每当遇到困难，我都会想起这些超常体验，会想起自己如何从不可能做到可能，这让我觉得自己无所不能，眼前的困难和阻碍只是暂时的。人生就是一个不断突破自我的过程，越经历，越勇敢，越强大。做到那些曾经认为不可能的事情，会在你的脑海中建立新的坚定的信念：我可以把不可能变成可能。有了这份信念，面对未知的困难，你就会多一份勇气，多一份自信，多一份从容。

## 锻炼心力

人生在世如逆水行舟，不进则退，这是一个永不停步的成长历程。在这个过程中，我们追求自身的持续成长，也追求深耕领域的成功。当我看到那些功成名就的人，我会思考：他们为什么能成功？他们具备了哪些成功的条件？他们是如何做的？

渐渐地，我发现成功并不是靠我原来所认为的一时运气，而是要用一生去追寻，就像跑马拉松，重要的是用尽全力奔向终点，而不是第一个冲出起跑线。我认为成功并不取决于外在因素，出身、学历、资源都不是决定性因素，关键在于一个人内在是否具备成功的四个充分必要条件，即强大的学习力、强大的执行力、强大的思考力和强大的承受力。

曾经我也只盯着自己的不足：学历不高，出身不好，能力不强，没有天赋……尽管我梦想成为一位生命导师，但我总是以这些不足作为借口，不去行动。后来我意识到成功并不取决于外在因素，重要的是学习力、执行力、思考力和承受力。于是我开始刻意训练自己的这些能力。随着能力的提升，我的自信心也提升了，开始做分享、开课、带学员。最重要的是，我朝着自己的梦想坚定地前行。

在这四种能力中，我认为最重要的是承受力，也就是心力。心力是面对挑战和困难时的内在韧性。心力不足的人，遇到问题就难以承受，回避退缩，最终无法克服困难，只能回到原来的位置。事实上，现代社会的变化越来越快，我们一定会遇到未知的事物，遇到从未遇到的问题。如果每一次都退缩，那么形成习惯后，遇到问题和困难时就难以承受。心力是可以锻炼的，在一次次遇到问题、解决问题的过程中，心力会越来越强，能力也会变得越来越强。

另外，我认为有三种消极心态会让人走向穷途末路，即利用、算计和欺骗。我们一定要避免这三种心态，把这三种心态转变成积极的心态，即利他之心、成就他人之心、供养他人之心。利他之心，是使别人获得方便与利益，尊重他人利益的态度；成就他人之心，是帮助他人实现目标并获得利益的态度；供养他人之心，是一种礼敬，忘掉舍心，把一切好的东西给与他人，让他人受益的态度。

带着利他、成就他人、供养他人的心，去陪伴家人，你的家人会很幸福；去服务客户，客户会对你的产品越来越认可；去支持团队，团队会越来越和谐。拥有这三心，本质上是拥有敬畏之心，它将成为你成功的基石。

## 在实践中成长

成长是解决所有问题的根本路径。而真正的成长是一个完整的循环，包括学习和实践。你现在正在阅读，是一种学习，是成长的一部分，接下来还需要将书中所说的内容运用于实践，或分享，或用于在生活工作中取得结果，在行动中成长，呈现成长的过程和最终的样子。

学习任何一个领域的知识，我都会非常兴奋地寻找甚至创造实践机会，检验自己所学的知识，突破内在的障碍，实现成长。我在带学员的过程中,也会设计实践环节,为大家提供实践机会。许多同学抓住这样的机会锻炼自己,取得了不错的成果。

真正的成长,只会发生在实践中,这是一条不变的真理。我们过去所有的成长,都是一段实践的历史,通过不断地学习、探索、复盘,得以成长和进步。所以我们要抓住每一次实践的机会,做一次分享、经历一次从未有过的体验、挑战一件从未做过的事情……每一次实践,都能得到一次反馈,告诉你接下来该如何继续前行。

《道德经》教导我们"慎终如始",即无论做什么事情,都要始终如一地保持认真和谨慎的态度。然而,我们常常在开始时充满热情和努力,随着时间的推移,逐渐松懈,最终可能导致失败。无论做一件事最初的目的是什么,如果不能始终如一地认真对待,则可能一无所获。保持初心,坚持行动,所有的问题都不是问题,都可以被解决,成果也会逐渐清晰地变成现实。

一个人最大的善行,是自己持续成长。你成长了,身边的人会和你一起成长。你的成长将惠及你身边的一切人事物。最好的"风水"从来不是房子,而是人本身。所以,你是自己最好的"风水",也可以让自己成为最好的"风水",影响身边的环境。把自己培养成一个高能的人,走到哪里,哪里就会因你而变得更加美好,与众不同。

成长使一个人的内在变得更好，也会呈现出外在的更好的结果。内在的丰盈决定了外在的财富。我们要先向内修炼智慧和境界，由内而外地成长，而不是向外求，奢望从外而内的改变。很多人一遇到问题，便会下意识地归咎于外部的原因，但实际上，所有问题都是我们内在状态的显化。

如果你想观察一个人的状态，那么除了看他本人，还可以去看他身边的人事物。如果他周围都是负面的情绪和信息，那么他的内心可能是混乱的，情绪是波动起伏的。因为两者是相互吸引的，混乱的内心状态会靠近混乱的环境，混乱的环境会引发混乱的内心状态。因此，一旦意识到自己的内心出现情绪波动，状态开始变得混乱，就要积极调整心态，让自己回到内心的平静和喜悦中，创造美好的事物。在你的能量提升后，你会吸引同样高能量的人事物。

**本章行动：**
· 列出你的下一步成长行动清单。

# 第十二章
## 人生成功系统

人生成功，不能靠运气，也不能只靠埋头苦干，它是一套系统，掌握这套系统，无论是谁，无论面对怎样的挑战，都有更大的概率获得成功。这套人生成功系统，融合了心法和干法，两相结合相辅相成，拆分下来有 12 个步骤，遵循这 12 个步骤行事，便能达成目标，积累你的人生成就。

接下来我以一场梦想启航会的执行，和大家一起拆解这 12 个步骤如何执行。人生成功系统的 12 个步骤如下。

步骤一：渴望。厘清你究竟要什么，对什么有强烈的渴望。

步骤二：目的。梳理为什么要做，并定下明确的目标。

步骤三：信念。相信自己一定能实现它。

步骤四：限时。设立截止日期。

步骤五：信心。找一群支持者，给你加油打气，帮你建立信心。

步骤六：障碍。找一群批评家，给你提出反对意见。

步骤七：预演。预设行动中的各种场景和可能出现的障碍，并思考解决方案。

步骤八：准备。找出成事的关键动作，并为此准备需要的技能和资源。

步骤九：链接。链接到能够给予帮助的关键人物。

步骤十：行动。拆解达成目标的具体动作，制订行动计划，确定行动节点，分工合作，用行动向目标推进。

步骤十一：复盘。每天行动结束，复盘所有步骤，并依据实际情况进行调整。

步骤十二：聚焦。全程聚焦于目标，全力以赴地行动。

## 步骤一：渴望

要想做成一件事，第一步就是厘清你究竟要什么，对什么有强烈的渴望。如果连想要什么都不知道，那么接下来无论做什么，都没有方向，都不可能成功。你知道自己真正想要的是什么吗？这个问题，我相信你一定问过自己。然而问题的关键，不在于答案具体是什么，而在于"敢想"。敢想，敢于梦想，对于梦想有强烈的渴望，并且在头脑中反复预演梦想实现的过程，然后去行动，你会发现梦想真的会走进现实，最终梦想和现实之间的界限会消失。

梦想启航会，最初只是一个念头，但当它出现之后，便在我的脑海里生根发芽。我开始思考什么时候举办，在哪里举办，有哪些人来参加，现场环节怎样设计，我想分享什么内容，邀请哪些嘉宾来分享……渐渐地，我开始越来越期待这场梦想启航会的举行。和团队伙伴讨论后，大致确定在2024年清明假期前后举行。我心中有一个声音在说：就在3月31日，筑梦实战营结营的日子。这个日子，对我及对筑梦实战营的同学们都有特殊的意义，梦想启航会就是我们交出的答卷。这个想法冒出来后，便再也压抑不下去了，我有一种前所未有的渴望，随即决定说干就干。

心中产生渴望和期待的时候，我们往往会找很多理由来"安抚"它，比如要做更好的准备，需要更多的时间，要学习新的技能等。事实上，这是对梦想和渴望的压抑，永远不会有完美的准备好的时刻，这样的理由只会在拖延中熄灭梦想的火种，最终一事无成。所以，要想做一件事，立刻就去做，哪怕是把它写下来，都能让你对自己的想法更加清晰。

## 步骤二：目的

做任何事情之前，首先要问自己为什么要做这件事，然后设定一个明确的目标。许多人直接设定目标，却从不问自己为什么要做这件事，做着做着，遇到困难或障碍，就会失去动力，注意力就会转移到其他的事情上。

我们想要做成事情并取得成果，不可能一蹴而就，需要持续的动力。所以在行动之前，要不断追问自己做事的目的，问自己为什么而做。定下梦想启航会的日期在 3 月 31 日，我找出一段安静的时间，向自己追问目的。

Q：为什么在 3 月 31 日举办梦想起航会？

A：3 月 31 日筑梦实战营毕业，举办一场毕业典礼，用一个盛大的仪式启航大家的梦想。

Q：如何用一个仪式来启航大家的梦想呢？

A：梦想需要更多支持和能量。梦想启航会会邀请大家的家人、朋友来到现场，为大家加油赋能，让大家感受到梦想的力量。

Q：梦想启航会如何让大家感受到梦想的力量呢？

A：大家常常感觉梦想很遥远，但梦想自有力量。只要去做，梦想就更容易实现。我想和大家一起激发更多人的内在力量，让他们找到自己的梦想，过上清晰且有目标的人生。

在 21 天的筑梦实战营里，大家的变化是肉眼可见的。实践证明了我们可以去影响他人活出生命的状态，我们相信每个人都可以发生改变。

梦想启航会，就是最好的实践案例，也可以验证我们所学的知识是否能真正落地。好的知识一定是能落地的，而不是停留在理论层面的。

Q：梦想启航会将如何锻炼大家的能力？

A：在实践中成长。在组织活动的过程中，我们会遇到困难和阻碍，需要突破固有的限制性思维，实现目标，真正成长。如果不做梦想启航会，不去行动，那么我们将无法看见内在的限制性思维，也无法实现突破，只会一直拖延，最终无法把事做成。

……

我不断地向自己提问，寻找更多做梦想启航会的目的。当列出的目的越来越多时，我感觉自己的动力也越来越足。而且我不断思考这场梦想启航会能给他人带来什么，我能给他人带来什么……我发掘出越来越多的利他目的，对做成梦想启航会的渴望越来越强烈。

目的明确，接下来就是定一个清晰的目标。订立目标的基本原则就是SMART，即具体的（Specific）、可衡量的（Measurable）、可达成的（Attainable）、具有相关性（Relevant）、具有截止时间（Time-based）。

我定下的目标是：3月31日举办一场100人参加的梦想启航会，我和筑梦实战营的同学分享自己的梦想故事，启航梦想。定目标的时候，我想过是否只邀请50人参加。这是一个非常容易达成的目标。但我觉得既然是梦想启航会，既然要挑战自我突破限制，那么目标也需要有挑战性。100人的目标不太容易达成，需要我和同学们一起努力，但也并非不可能。

## 步骤三：信念

稻盛和夫曾说过："心不唤物，物不至。"内心不渴望的东西，你就不可能得到它。而当你把注意力放在自己渴望的东西上时，就会把它吸引过来，再用行动把它变成现实。这就是信念的力量。信念是相信尚未看见的东西。

能被看见的东西是事实，现在看不见，但坚持相信，并为了把它变成现实付出努力，这就是信念。信念的力量可将坚定相信的尚未看见的东西变成现实。

当你对一件事有强烈的渴望、有坚定的信念，日也思夜也想，一天 24 小时不断地思考时，你的所思所想会渗透到潜意识中。当定下梦想启航会的目标时，我就进入了这样的状态，日思夜想，在脑海中一遍遍模拟现场，拆解每一个步骤。而我对于做成梦想启航会的信念也变得越来越坚定，我相信自己一定能做成，我相信自己一定能迎难而上，突破一切障碍，实现目标。

## 步骤四：限时

限时，即设立截止时间。做任何事情都建议设立截止时间。有一句很流行的话是：deadline 才是生产力。因为有截止时间，我们才会在期限之内专注地做一件事。很多时候，一件事情没有做成，并不是因为能力不够，而是因为没有设立截止时间，以至于一拖再拖，时间久了之后，注意力转移，忘记了目标。

截止时间就像在我们面前画了一道线，必须在该时间之内抵达，这就像比赛前的准备时间，总让人不自觉地紧张，即使背负了压力，也能发挥出潜在的能力，为了达成目标去克服遇到的艰难险阻。

如果一个目标太大，或者截止时间比较晚，那么我们需要在实现目标的路上设置更多的时间节点，在每一个时间节点到来的时候，达成一个小目标，获得一个小成就。具体到梦想启航会，截止时间非常明确，即 2024 年 3 月 31 日下午。

## 步骤五：信心

当有了一个目标时，你需要找一群支持者，他们会给你加油，对你说："你可以，给你点赞。"为什么需要支持者呢？因为实现任何一个目标都会有障碍，无论有多么强烈的渴望，多么坚定的信念，面对这些障碍，你都可能会迟疑、犹豫、自我怀疑。这时候，如果有人站在你的身边支持你，在你需要的时候提供实际的帮助，那么就能够给你莫大的信心。

支持者可以是你认识的人、家人或者朋友，也可以是不认识的人，他们或者能发现你的闪光点，给你鼓励、表扬、信心和力量；或者是你失意时的倾诉对象，能给予你情感支持和安慰；或者是你的伙伴，与你携手并肩，共同挑战目标；或者能为你提供宝贵的经验和指导，帮助你厘清思路，找到解决问题的途径。支持者可以在你做事的每一个阶段都给予你多方面的支持，给你奔赴目标的信心。

在我身边就有这么一群无条件给予我支持的人，有家人、朋友、学员。当我决定要做梦想启航会时，便和他们通电话，他们纷纷表示支持，给我加油打气，甚至主动自领任务，即刻开始行动。事实上，在打电话之前，我就知道他们一定会支持我，原因在于平时他们就经常给予我无条件的信任和支持，无论我做什么，都会给我点赞。

所以，我们在平时就要去发现身边的支持者，组建自己的支持团队。你要相信，你身边的人在关心着你，想要给你最好的，让他们看见你的进步，乃至和你一起进步。当然，你也可以成为他们的支持者。

## 步骤六：障碍

有一句话是这么说的：批评你的人，才是你生命中的贵人。每个人都不喜欢被批评，听到批评的时候，大都下意识抵触，原因大致有两点：一是认为自己是对的，二是面子上过不去。但我们也知道人无完人，一个人的认知是有局限性的，很难避免视野狭隘、思维单一等问题，所以听取不同意见，群策群力，博采众长，才能补己之短，把事情做得更好。

梦想启航会筹备开始后，我和伙伴们沟通，希望大家当一次"批评家"，对项目提出反对意见。现场有伙伴提出了一些问题，如距离活动时间太近，筹备时间可能不够，酒店费用太高，活动成本太高等。他们的反对意见，让我看到了自己思虑不周的地方。

这是批评者和反对意见存在的意义。古人云：以史为镜，可以知兴替；以人为镜，可以明得失。每个人都可能一叶障目，而自己非常难发现。旁观者有更为客观的视角，往往能够看到我们看不到的地方，帮助我们发现问题。

当然在听取批评者的反对意见时，我们也要进行辩证思考，如这个问题是观点还是事实。如果是观点，为什么会有这样的观点，我们是站在什么样的角度提出的观点，哪一方是正确的；如果是事实，则是真正的问题，那该如何解决。

## 步骤七：预演

预演，是在正式做一件事之前，进行演习，让自己预先经历一遍即将经历的事情，预设可能遇到的问题和障碍，在它发生之前，思考解决方案。这种演习可以是现实中的模拟演习，也可以是脑海中的想象演习。关键是在预演过程中，尽可能地想象未来场景，串联每一个环节，发现哪里可能存在问题，哪里需要改善。我们还可以变换角度来进行预演，执行者和参与者就是两种视角，不同的角度能够带来更全面的思考。

预演的目的在于提前发现问题并解决问题。任何问题都有解决方案，这是一个事实，也是一种信念。秉承着这种信念，就能够突破障碍，达成目标。

在梦想启航会的预演中，我和身边的"批评家"讨论了可能出现的障碍以及解决方案。比如时间太短，那就"大力出奇迹"，发动更多的人帮我们来做邀约；活动成本太高，那就继续去找更合适的场地，降低成本。提前思考可能发生的问题，并寻找解决方案，能够让我们走在问题前面，而不是等待问题发生，再着急忙慌地去解决。

## 步骤八：准备

遵循"二八法则"，做任何事情，都要先搞定关键动作。关键动作就是那些直接影响行动进展和结果的动作，确定关键动作，可以帮助提高执行效率，优化关键动作，可以降低风险，避免不必要的错误，确保目标达成。

接下来就要看关键动作需要具备什么要素，需要技能，就学习技能，需要资源，就准备资源。如果你想成为一名生命导师，那就去请教生命导师需要具备的关键技能是什么，然后去学习；如果你想达成目标，需要资源支持，那就去链接资源。对梦想启航会进行梳理之后，我发现关键动作有三个：活动现场流程梳理、确定活动地点、招募邀约。

## 步骤九：链接

事情，归根到底是靠人做出来的。找到达成目标的关键动作之后，还要去寻找解决问题的关键人物，他们能够帮助我们制订计划、协调资源、落地执行，并且能够直接影响目标的执行和成果。在做任何事情时，都有一些关键人物起着非常重要的作用，甚至起到决定性作用。这些人物可能是执行团队中的某个成员，也可能是相关的某个人物。要想事事必成，就必须明确这些关键角色，并与他们链接，建立良好的合作关系。

在很多项目中，关键行动和资源需要特定的人来管理和协调，与之链接，保持稳定的合作，良好的沟通，这样才能更好地实现我们的目标。梦想启航会的三个关键动作确定后，我就开始寻找关键人物，指导我的关键行动，帮助我协调关键资源。

首先是活动现场流程梳理，我请我的老师来指导。我自己预演流程的时候，总觉得有些地方不是很流畅，但又说不上问题出在哪里，和团队讨论，也没有很好地解决。于是我找老师请教，他操盘过很多活动，有非常丰富的经验。仅仅一个半小时，他就带着我梳理了整个活动流程以及所有细节，包括现场环节、座位布置、主持人主持基调等。最后他还提醒我，活动不能自嗨，一定要认真思考能够给嘉宾带来什么，为他们提供真正有价值的内容。专业的人做专业的事情，老师的指导让我豁然开朗，对于整个活动有了更为清晰的把握。

其次是确定活动地点，也就是酒店，我找到的关键人物是朋友圈做活动比较多的朋友。原本选择的是熟悉的酒店，但考虑到成本，还有交通等问题，最终决定更换酒店。于是我找到朋友圈中经常做活动的人，打电话咨询哪里有合适的场地，他们马上给我提供了很多选择。然后团队人员出发踩点，实地去看具体的位置、交通情况和场地大小，和酒店沟通排期费用等问题，很快就定下了合适的场地。

第三是招募邀约，要招到人首先要把宣传打出去，所以我首先找到的关键人物是身边做宣传的小伙伴。当时活动时间比较紧张，所有动作都要快，平时合作比较多的宣传小伙伴是最适合的，于是我把他们拉到一起开会，讨论要做哪些宣传物料，海报怎么做，文案怎么写，视频怎么做……然后一一分工，马上开工。

## 步骤十：行动

唯有行动，可以把想法和计划转化为实际的成果。找到关键人物，执行关键动作，接下来还需要拆解达成目标的具体动作，制订行动计划，确定行动节点，分工合作，用行动向目标推进。

对于梦想启航会的执行，我们将每一个环节都进行了拆解，比如流程谁来把控，分享内容谁来沟通确认，酒店谁来对接，招募邀约谁来负责，物料采购谁来执行……每个具体动作都具体到责任人，并且明确执行标准和截止时间。

在执行环节，每一项计划、每一个动作，都需要有明确的标准和截止时间。尤其是团队协作的时候，一定要明确负责人是谁，并且负责人必须清晰地知道执行标准是什么，截止时间是什么时候。否则任何一个环节出错，动作没有做到位，都可能引发连锁反应。

这一次梦想启航会的准备时间比较紧张，我在执行中有了一个非常深刻的感受：时间就是效率。过去我喜欢货比三家，时间足够时行动就慢悠悠的。但在这次的执行中，我必须迅速做出决策。拆解任务不能犹豫，快速明确要求，分配任务，其他伙伴才能推进执行。场地布置、物料设计、项目支出，每一个细节的确认，都在当下反馈，避免任何拖延导致执行动作卡顿。紧迫感，让整个执行团队的效率肉眼可见地提升。为了达成目标，我们几乎都是脚下生风。

这也让我想到我们日常做事时，没有明确目标和截止时间的时候，总会犹豫拖延。当你目标明确、时间紧迫时，你的目光就会锁定在那些能够帮助实现目标的事情上，效率迅速提高。而且神奇的是，往往在这种时候，你想要的支持会自动出现在你的眼前，来帮助你。比如选择活动酒店，我找到经常做活动熟悉酒店的朋友咨询，他们能马上给出合适的推荐，其中好几个酒店，我也曾经去过，体验过酒店的场地和服务。合适的选择摆在面前，我只需要根据自己的需求，最终选定其中一个，这就大大地提高了执行效率。

场地定好，物料进入设计制作环节，接下来的重中之重就是邀约 100 人参加梦想启航会。首先，我们对目标进行了细致的拆解，明确了每一步的动作。

### 1. 拆解每日目标。

目标是 100 人到场，考虑到可能有人临时改变行程，那么最少需要有 120 人报名参加。仅仅一周的邀约时间，拆分到每天的目标，第一天 50 人报名，第二天 30 人，第三天 20 人，第四天 20 人。

### 2. 给出参加理由。

邀请大家来参加时，必须给他足够的理由，让他愿意付出时间，并且能够收获价值。于是我写下了能够给参与者提供的价值：

- 请你来见证我和同学们的梦想，为我们的梦想加油。
- 提供一个高能链接的场域。
- 梦想种子梳理：手把手陪你制定梦想蓝图。
- 梦想落地指导：带你扫除梦想落地的障碍。

并且我还进行了无风险承诺，现场只分享干货，不做任何销售动作，让大家放心邀请朋友参加。

### 3. 先邀请最近的学员。

深圳的学员大约有 20 人，请他们带一位朋友一起来，这样就有 40 人。

### 4. 请有影响力的人来支持。

剩下 80 人的目标，如果一个一个去找，不到一周的时间肯定是不够的，所以我们寻找身边有影响力的伙伴，请他们帮忙宣传，邀请朋友来报名参加。一个支点可以撬动整个地球，一个有影响力的人可以影响很多人。因此我们采取了这一策略，和身边有影响力的人私聊，寻求他们的支持。

这些有影响力的人需要我们在日常就积极链接，与他们保持良好的关系。有影响力的人是非常容易识别的，因为他们往往是站在人群中心的人，能量满满、富有感染力、有独特的魅力。遇到这样的人，我们可以积极主动地结交，为他提供价值，产生深度链接。

### 5. 通过直播和朋友圈宣传。

为了让更多的人知道梦想启航会，吸引他们来参加，我要把做直播和发朋友圈作为工作，每天早上直播，和线上的朋友们沟通，告诉大家我在做什么，并邀请他们来参加。朋友圈也给自己定好规则，每天准备好发布的内容，时间到了就编辑发布。

**6. 列出我的人脉清单。**

我盘点了自己所有的人脉，包括我的朋友、同学、邻居、圈子伙伴等，列出那些与我有深度链接的人，与他们联系，告知他们我要做一场梦想启航会，真诚地邀请他们来参加。

行动的过程，也是突破的过程。邀约朋友们来参加梦想启航会，我收到了很多反馈，给了我深刻的启发。有的朋友，我笃定他会来，但他因为种种原因无法参加；有的朋友，我邀请之前完全没有信心，但我说出请求，他二话不说马上报名，还主动说会带朋友参加；有的朋友许久未联系，这一个电话，让我们找回昔日的情景，聊起彼此的近况，当然他最后也报名参加了活动；还有一位朋友，因为疾病休养了很久，电话中我们感慨万千，了解到我正在做的事情，他主动表示回来参加，让我特别感动……

和我一起邀约的团队伙伴，从一开始的羞涩，逐渐变得越战越勇，非常自信地向电话对面的朋友介绍活动，请他来支持。我们还自动掌握了"花样邀请"技能：没时间来参加，可以帮我们发个朋友圈来支持一下；一个人参加活动，如果紧张的话，可以和朋友一起参加；宝妈要照顾小朋友，没关系，场地附近有小朋友的游乐区，小朋友可以去找小朋友玩；单身的人说不定可以在这个高能的场域中找到心仪对象；外向喜欢社交的人，可以在这里链接到100个人……当我们给到让他心动的理由或价值时，他就无法拒绝这份邀请了。

231

## 步骤十一：复盘

复盘，是对过去已经做过的事情做一次回忆思考，分析的成败得失，找出关键因素，总结经验教训，指导接下来的行动。真正的高手都有复盘思维，他们会通过回看走过的每一步，来思考为什么这么走，以及接下来该怎么走，从而不断成长。人生如棋局，学会复盘，就能够越走越好。

在达成目标的过程中，我们也需要不断复盘，反观自己的行动，反思行动背后的认知，调整接下来的行动。在梦想启航会的执行过程中，每天行动结束，我都会和所有人进行复盘：今天的目标是什么？是否完成了目标？完成了，我们做对了什么？没有完成，还有哪些可以做的？明天的目标是什么，如何执行？每一天的复盘，都让我们对于行动有更清晰明确的认知，对于目标有更坚定的信念，同时会不断碰撞出新的想法，推进目标。

## 步骤十二：聚焦

全程聚焦于目标，全力以赴地行动，坚持到底直到成功。这是非常重要的一点，很多时候没有达成目标，就是因为不够聚焦。道理其实我们都懂，只是很难做到。聚焦的关键还是在行动，前面十一个步骤已经做了非常多的工作，继续朝着目标行动，不要有任何犹疑，就是一个字：干！

你已经掌握了理论，设定了目标，开始了实践，拆解了动作，只需要盯着目标行动，那就没有什么是不可完成的。

梦想启航会也是如此，从一个想法到真正落地，我们一直在行动，不仅我自己没有停下来过，团队成员也都在高速运转。在行动中，我们收到很多反馈，一次次改进，一次比一次做得好，很多细节在实践中逐渐完善。而我们盯着目标行动，会发现目标逐渐浮现在眼前，一天比一天清晰，也让我们更加有信心去实现它。

人生成功系统的十二个步骤，每一步都非常重要，每一步都不可或缺。梦想启航会这个案例，是知识的落地。任何知识都需要落地，都需要在日常实践。而且如果没有完美的准备，那我们只能在实践中获得反馈和灵感，接着在实践中迭代优化。最后我想再次强调的是：行动！带着你的渴望去行动！带着你的信念去行动！

本章行动：
- 回顾过去你没做成的一件事，少了哪一个步骤？
- 面向未来，你的下一个目标如何通过12个步骤来实现？

# 后 记

写书，是我的一个梦想。写到这里，我有实现梦想的激动，也有完成人生大事的如释重负。

我尽力把自己所学所知所践行的都写出来，希望对正在阅读的你有所帮助。同时我也知道，这本书一定会有很多不足之处。我曾经想过，等我做到的事情再多一点儿，认知再成熟一点儿，取得的成果再多一点儿，再来写一本书，会不会更好一些？但我知道自己永远无法准备好。既然如此，不如现在就做，把当下力所能及的事情做到极致。

最后还有两句话想和大家说。

**请开始行动**。这是一本需要实操的书，我所写下的内容，都是我所实践过的，我希望能启发你的行动。任何知识，如果不实践，都只是纸上的文字。改变从来不会发生在纸面上，而是在你的行动里。哪怕你只是选择书中非常小的一点去实践，带来一点儿改变，那么就没有白读这本书。

**持续不断地行动**。无论你的梦想是什么，都不可能一蹴而就，所以要朝着梦想不断前行，每一天都走在实现梦想的路上。走，是一个动作。唯有行动，才能让我们走近梦想，实现梦想。所以做最好的梦想，订最踏实的计划，迈出最坚实的步伐。

人生是一场马拉松,但是你并不孤单,我们携手并进,一直在路上。

与君共勉。

# 参考文献

剑飞.时间增值：用有限创造无限[M].北京：电子工业出版社，2023.

麦克·罗奇格西.能断金刚：超凡的经营智慧[M].夏理扬，田多多译.南昌：江西人民出版社，2013.

哈尔·埃尔罗德.早起的奇迹[M].易伊译.广州：广东人民出版社，2018.

叶武滨.高能要事：为什么成功的路上不拥挤[M].北京：中信出版社，2019.